3訂版

会社は合同労組・ユニオンとこう闘え！

弁護士
向井 蘭［著］

日本法令®

はじめに

社長の切羽詰まった顔は、脳裏に焼きついています。

私はこれまで労働者・労働組合との関係に悩む経営者から数多くの相談を受けてきました。

弁護士が必要になるくらいですから、相当こじれているケースが多いです。こうなる前に手を打っていたら……。何度そう思ったかわかりません。闘いは突然はじまります。「青天の霹靂」という言葉がぴったりです。

ある老舗メーカーは、もともと大手企業の下請けでした。大手が海外に生産拠点を移転したため、仕事が激減。同時に競合との値下げ合戦も勃発し、慢性的な赤字経営に陥りました。

三代目社長は、同業他社と比べて高い水準にあった給料を引き下げようとしました。すると従業員の半分以上が過激な合同労組に入ってしまったのです。団体交渉は合同労組の担当者がすべてを取り仕切り、社長が席に着くとギロリとにらみをきかせます。

会社の会議室は40人ほどの組合員でいっぱいになり、社長は専務と２人で対応することになりました。周囲からは「人でなし」「ぼんくら」などの罵声や野次が飛んできます。これまで家族のように手を携えてやってきた社員たち、先代の時からの良き兄貴分たちが、自分を口汚く罵ります。

社長はどうしていいかわからず、涙まで出てきました。

そして組合の要求に従い、さまざまな文書にサインをしました。それが自分にできる精一杯のことのように思えたのだそうです。

交渉のテーマは賃下げだったはずが、いつのまにか賃上げ幅に変わっていました。社長は賃金アップを約束し、その結果、組合も静かになったので、社長はこれですべてが終わるだろうと思いました。

しかし、組合は再度賃上げを求めてきました。社長は厳しい経営状況を説明しましたが、聞く耳を持ちません。「先代の遺産がたっぷりあるはずだ」「前回5,000円上がったのだから、今回は１万円上げてほしい」「金がないなら社長の給料を下げろ」「借金してでも払え」。

社長は借金をして給料を上げました。リーマンショックの影響で経営はさらに悪化し、人件費を下げない限り資金ショートという事態に陥りましたが、「組合の了解なしには賃下げできない」旨の文書にサインしてしまったため、為す術がありません。

そんなとき東日本大震災が起きました。取引先の工場が津波で流されて、ついに会社は解散に追い込まれました。

社長はいま、とても後悔しています。「最初が肝心でした。私はあまりにも闘い方を知らなすぎた。逃げずに賃下げをやりきればよかったのに、撤回して賃上げしたからこうなった。闘いから逃げ、組合といい関係を作ろうというのは甘い考えでした」

別のケースです。ある食品会社に勤務態度の悪い従業員がいました。社長は何度も注意しましたが、いっこうに改まらないので、ついに解雇しました。

するとこの従業員は外部の労働組合に駆け込み、食品会社に対し団体交渉を申し入れました。

社長は闘いに応じませんでした。「すでに解雇した社員の申し立てに、何で今さら応じなければならないのか」という気持ちだったそうです。会社側は団交の申し入れを放置しました。

ある日、裁判所から通知が届きました。食品会社は労働組合から訴えられてしまったのです。納得いかない社長は、強気の姿勢で裁判に臨みました。途中、裁判官から何度も和解を勧められましたが、拒否しました。「すぐに片がつく」と社長はタカをくくっていましたが、裁判は長くかかりました。

社長が驚いたのは、裁判期間中の給料を社員に払わなければならないことでした。社員の給料は月給35万円で、これが２年間続きました。

「何で働きもしないあの社員に、ましてや会社に迷惑をかけたやつに、２年間も給料払わなきゃならんのだ」

社長は悔しくてたまりません。しかし、それだけでは済みませんでした。判決の内容は従業員の勝利。食品会社はこの社員に、裁判期間中の給料のほか、退職金として500万円を支払うことになってしまいました。

「最初に団体交渉に応じていれば。逃げずにきちんと闘えばよかったのだ」

社長は自分を責め、体調を崩してしまいました。

もう一つ別のケースを紹介します。九州地方の老舗リサイクル業者の話です。かつては役所の仕事を独占的に引き受けており、社員の給料は同業他社と比べて高かったのですが、役所の仕事が入札で決まるようになると受託金額は下がっていきました。

社長が賃金を引き下げようとすると、社員は組合に入りました。組合は賃下げどころか賃上げを求め、「要求を聞かないなら、回収車が動けないよう駐車場を封鎖する」と言いました。社長は「仕事ができなければ会社が倒産する」と思い、組合の要求をすべてのみました。組合の言うことを聞けば、すぐに鎮静化するだろうと思ったのだそうです。

しかし、組合の要求はエスカレートするばかりです。たとえば、こんなやりとりもありました。「社長の給料はいくらだ」「80万円です」「ふざけるな。社員の給料の前に自分の給料を下げろ」

今では社員より社長の給料のほうが低くなりました。人手不足でも新たに社員を雇う金はなく、社長自らが回収車を運転しています。

最初の団交の際、「組合の同意がないと従業員の配置転換ができない」という文書にサインしているので、会社は半ば乗っ取られたようになってしまいました。

「私は闘い方を知らなすぎた。組合は闘いのプロ。きちんと向き合わなければすべてをむしり取られてしまいます」

私が相談を受ける会社のほとんどが中小企業です。大企業は専門家がバックアップしており、就業規則などもきちんと整備されています。

最近は大規模な労働争議はほとんど起きなくなっています。

現に労働組合の組織率は、年々減少しています。厚生労働省が発表している「労働組合基礎調査結果の概況」(2009年)によると、労働組合の組織率は18.5%です。1975年の組織率は30%超でしたから、いかに減少しているかがわかります。

その一方、解雇や残業代、人事異動などのトラブルで、従業員が個別に労働組合(合同労組)に駆け込み、労使トラブルに発展するケースが増えています。実際、民事上の個別労働紛争に係る相談、助言・指導申出受付件数は、2010年に過去最高を記録しました。

以前は労使間で問題が起きても、従業員に知識がなく、訴えることがなかったので表立ったトラブルには発展しませんでした。

ところが現在はインターネットの発達で、容易に情報を入手できるようになりました。グローバル化によって日本人の権利意識も高まったことから、従業員が突然、労働組合に加入したり、労基署に駆け込むケースが年々増えています。

労働法上の建前は、「会社は強く、労働者は弱い」とされていますが、労働組合法となると、経営者は無知で、組合は知識も経験も豊富なプロなのです。同じような案件を何十件、何百件と経験している組合にはとてもかないません。

とくに中小企業の社長は闘い方を知りません。そのため初期対応を間違ったり、社長仲間などからの間違ったアドバイスを真に受けて苦労する人が多いのです。初期対応を間違うと問題は深刻になり、最悪の場合、経営が行き詰まるケースもあります。

実際、私のところに相談にくる社長は、独自の判断で行動したりして、とりかえしのつかない状態になっていることが多いです。

そこで本書では、中小企業の社長をはじめ、人事や総務の方に、ぜひ知っておいていただきたい労働組合・労使関係の基礎知識、問題が発生したときの対処法をまとめました。

現在問題がないように見えても、労務問題は突然表面化するものです。事前に学び、早期にトラブルの芽を見つけられれば、最悪の事態は避けることができます。

本書が多くの社長や担当者の労働組合対策としてお役に立てれば幸いです。

2012年10月　向井　蘭

改訂版はじめに

初版の発売から8年が経過しました。この8年の間に大きく時代背景は変わりました。

余剰人員が問題になる時代から、人手不足が深刻に問題になる時代に変化しました。また、パワハラの問題は初版時から指摘されていましたが、現在ではますます深刻な問題を引き起こすようになっています。

労働問題もSNS等により容易に世の中に拡散するようになり、いわゆる炎上も巻き起こすようになりました。初版時に比べれば、大規模なデモや街宣活動は減りましたが、SNS等により労働問題が拡散し、求人や離職、営業活動に様々な影響を与えるようになりました。

また、人手不足が深刻化していることから、外国人労働者が年々増加し、外国人技能実習生問題のみならず、その他の外国人労働者との労使トラブルも発生しています。

一方、働き方改革により、各種労働関連法令を改正しましたが、企業にとっては規制強化になる改正内容が多く、より経営環境が厳しくなっています。

労組・ユニオン対応も時代に応じて変化させなければなりません。

そこで、人手不足問題に対応した労組対応、パワハラ問題に対応した労組対応、外国人労働者問題に対応した労組対応について加筆いたしました。

本書を手にとっていただいた方にお役に立てれば何よりの幸いです。

2020年３月　向井　蘭

３訂版はじめに

初版出版から10年以上が経過しましたが、物価高、人手不足、人口減少に伴う売上げ減少など経営課題は山積みのところ、労働組合とのトラブルに苦しむ事例は今も後を絶ちません。

３訂版出版にあたり、近年、いくつか重要な動きがあるストライキに関する新しい章を設けています。また、解雇問題で膠着状態に陥ったような場合に検討する解雇撤回や、メンタルヘルス問題で休職・復職を繰り返しているようなケースで有効な試し勤務による復職プロセス、“日報”の活用による問題社員対応などを加筆いたしました。また、適宜、法改正に則った内容に変更しました。

本書が多くの社長や担当者の労働組合対策としてお役に立てれば幸いです。

2024年９月　向井　蘭

CONTENTS

序　章　人手不足で大きく変化した労組対応

第１章　絶対に知っておいてほしい 労組対策　基本の「き」

第３章　団体交渉に勝つための交渉術

第4章　ストライキ

第5章 こんなとき、どうする？ テーマ別労組問題解決のポイント

第6章　ケースに学べ！労働問題転ばぬ先の杖

第７章　労働組合との上手なつき合い方

序　章

人手不足で大きく変化した労組対応

近年、労働環境や若者の意識が変化し、その影響が会社の対応や労働組合の活動にも表れてきています。
ここでは、会社と労働者、労働組合のそれぞれにどのような変化が見られるのかを解説します。

1 会社に見られる変化

「ブラック企業」認定、炎上をおそれる社長が増えた

ここ数年の特徴として、労働問題が発生するとSNSなどのネットメディアで瞬く間に拡散されます。すると世間的に「労働問題で揉めているブラック企業」と周知、認知されます。ただでさえ人手不足なのに「求人を出してもまったく人が来ない」という非常事態に陥ります。

経営者が一番おそれるのは就職希望者がいなくなることです。人がいなくなればどんな会社も成り立ちません。

もちろん「長時間労働だから悪い会社」、「労働組合と揉めているから悪い会社」と一口には言えませんが、労働者、就職希望者の認識はそうではありません。とりわけ若い世代はこの手の情報に過敏に反応します。「あの会社はブラック企業だ」「あの会社に入ったら社畜にされる」などと決めつけられ、求人広告も見なくなります。

たとえば1人がSNSで会社に不利益な情報を流すと、数百万～数千万、場合によっては億単位の損失が発生するといわれています。

ですから、労働者から訴えられても経営者は訴訟に消極的です。「どうやったら穏便に終わりますか？」「どうやったら表に出ないで済みますか？」「どうやったら訴訟になりませんか？」と口を揃えます。このため、労働争議が減少しています。

こういう社長が増えたのは、社会の変化が影響しています。前述したように一度「ブラック企業」と認定されると人手不足に陥り、事業継続が困難になるからです。

人手不足からミスマッチによるトラブルが増えた

ある企業がSE（システムエンジニア）を採用したときの話です。人事部長はAさんの履歴書を見て、「今までの応募者とはタイプが違う」と感じました。面談では「B社（大手企業）のプロジェクトで責任者を勤めていた」、「××システムの構築ができる」などと言うので、「まだ若いのにすごい」「でも、なんだか違和感があるが……」と思いながら、人手不足で応募者も少ないので雇うことにしました。

ところが担当者がAさんに仕事の引き継ぎを始めると、基礎的な知識が不足しているので「おかしい」と気づきます。そして、いざクライアント先に行く日から会社を休みはじめました。医師の診断は「うつ状態」ということです。

人事部長が傷病手当金を請求し社会保険の加入履歴を見ると、採用面談で言っていたことはすべて虚偽で、実際には派遣社員で転々と職を変えていたことがわかりました。そのことを問い詰めると、男性は合同労組に駆け込みました。団交の結果、解決金を支払って辞めてもらいましたが、会社にとっては大きな損失でした。

人手不足が深刻になり、今までなら採用しなかったような人でも雇わざるを得ない会社が増えています。あるいは面接で十分な吟味ができないケースもあります。そうすると能力的に仕事を任せられない人、勤務態度が悪い人も採用してしまうことがあります。経営者は退職勧奨しますが、労働者は自分の身を守るために合同労組に加入したり、弁護士に依頼したりします。

切り札は「ストライキ」から「未払い残業代請求」へ

かつて組合の切り札はストライキでしたが、現在はそれ以上の作戦があると頭に入れておいてください。それは、未払い残業代の請求です。

従業員20人の運送会社の例です。応募者が集まらないため隣接県にも求人を出し、来てくれた人を誰でも雇うしかない状態でした。ある隣接県から採用した人が、従業員同士の集会や飲み会を頻繁に開くようになりました。社長は「何を話しているのだろうか」「自分の悪口か」などと不気味に感じていました。

それから1年が経った頃、その人物が社長のところにやって来て、「見てください」と10人分の退職届を出してきました。

「ご存知かと思いますが社長は残業代を支払っていません。すぐに支払ってください」。そう言って10人分の残業代が計算された1枚の紙を見せました。

「支払わないなら10人全員がすぐに辞めます。受け入れてくれたら辞めません。すぐに答え出してください。答えを出さない場合は辞めて、その後請求します」。

10人に辞められたら会社はすぐに倒産します。社長は苦しみながらサインするしかありませんでした。そして、それ以降も残業代を支払わなければならず、人件費が高騰したため会社経営は厳しくなりました。

相談に来た社長は「これは犯罪ではないか」と悲痛な顔をしていましたが、合法的な残業代請求行為です。

会社経営を存続させるには人が必要です。ぎりぎりの状態でやっていると弱みを握られます。労働者側からすれば、退職届をまとめて直談判すれば何でも通ってしまうので、もはやストライキは不要です。

ではどうしたらよいでしょう。とにかく従業員が働きやすい労働環境を目指すことです。人が喜んで集まる会社に変え、人が集まるようになれば、会社が主導権を握ることができます。

労働環境改善に取り組む会社が増えた

労働環境は急激に変わり、会社もそれに対応しつつあります。たとえば、飲食店などが正月に営業を休む、正月の倉庫内作業を時給2,000円と高額な設定にする、宅配便会社が週休3日制を検討する、などです。

現在、有給休暇が取得できないことは、あらゆる労働者が不満に思っています。そのことを経営者がきちんと認識していないと、会社経営は厳しくなります。有給休暇がきちんと取れることをアピールしないと会社は生き残れません。

そのため最近では、ランチタイムの営業を休む飲食店、昼休みを取るクリーニング店も増えています。スタッフが合同労組に加入し、休憩を取らざるを得なくなったためです。

有給休暇が取得できない会社は、採用も難しいです。政府の「働き方改革関連法」では「使用者は、10日以上の年次有給休暇が付与される労働者に対し、５日について、毎年、時季を指定して与えなければならないこととする」とされました。現在の有給取得率（約50％）から一気に上昇するので、会社は実質的な対応を迫られています。対応できなければ、「あの会社は休ませない」「血も涙もないブラック企業」などとネットで話題になり採用戦線から脱落します。

採用が決まっても気を抜けません。企業の採用担当者が11月に面談して「いつから来られますか？」と聞くと、「２月中旬から」と答える人が多いと聞きます。その裏には「12月のボーナスをもらってから辞めたい、有給休暇を全部消化したい」という考えがあります。

こうした考えに異を唱えたくなる経営者がいたとしたら危険です。

このように、労働法令に沿って社会が変わり始めています。それが良いか悪いかは別にして、大きな流れに刃向かうことはできないでしょう。

「俺が法律だ」という社長が減った

若い世代の労働者は、労働法令遵守の傾向が強くなりました。賃上げよりも有給休暇取得、休憩時間、労働時間短縮、社会保険加入などにこだわります。かつては「俺が就業規則。俺に従え」などと言う経営者が多数いましたが、現在このような発言したら、即座にネットで広がり炎上したり、パワハラで訴えられたりします。そうなると応募者はいなくなり、会社経営は危機的な状況に陥ります。

あるクリーニング会社の経営者は、かつて「昼休みになった会社員が来店する12時から13時の１時間を閉店するなんてあり得ない」と言っていました。

ところが、情報収集するうちに意見が変わりました。同業大手で社員が組合に加入したのをきっかけに、昼休み休憩を導入しました。このままではライバル会社にアルバイトやパートが移ってしまうことをおそれ、導入せざるを得なくなったのです。少なくとも同業他社の動きを見ながら、競争に負けないように労働条件を改善しないと生き残れません。

社会保険も同様です。ある会計事務所は税理士２人、事務員２人で社会保険に加入していませんでした（士業の個人事業所が社会保険の強制適用事業所となった2022年10月以前の話です）。ところがある時点から「なぜ社会保険に加入していないのか」と聞かれるようになりました。世間的には社会保険に加入しないことがそういう目で見られるとわかり、急遽加入することとなりました。

労働問題発生でやる気をなくす経営者が増えた

近年、労働問題が起きると「経営者のやる気がなくなる」という新たな課題があります。やる気をなくした経営者は辞めようとしたり、会社を売却したりしようとします。未払い残業代を請求され、「破産したい」と言い出す経営者も増えています。こうした経営者のケアが、弁護士の新しい仕事になり始めています。

労働問題が発生し、労組対応に失敗したために経営者がやる気を失い、会社がなくなると、真面目に働いている社員の雇用が失われるおそれがあります。そのため経営者を励まし、サポートする必要があります。

労働者に見られる変化

最近の傾向を掴むには、若い世代の考え方の変化について頭に入れておく必要があります。

リアルコミュニケーションを嫌う、個人主義、お金と労働時間に厳密。ここを押さえておけば、あらゆる事象が読み解けるようになります。

名前を出さずに団体交渉しようとした若手

若い世代を中心に、約束や待ち合わせなどのコミュニケーションに、電話ではなくメールやSNSを活用する人が増えています。彼らは若い時からリアルコミュニケーションが少ない世代です。ましてや対面での口論、討論の経験はほとんどなく苦手です。ある大手企業の採用担当者から、「学生に内定の連絡をとろうとしても電話に出ない」と聞きました。一対一で電話をすることにすら苦手意識をもっています。まして面談や団交などには嫌悪感を覚えています。

ある会社の社員が合同労組に加入し、団交が行われることになりました。団交会場に行くと合同労組の幹部が1人で座っていました。「当事者である組合員は誰か」と質問すると「名前を明かさない約束で加入した」と言います。

団交の目的は、会社と約束（労働協約）を交わして合意することですが、交渉のためには組合員の労働条件の現状がベースになります。

若手社員の中には名前を出して会社と交渉すると後から面倒になると考え、名前を出さない約束をする人がいます。これは最近の若者の特性と関係しています。

しかし、それでは団体交渉はできません。私は「最低でも、どの店舗の、どの職種の人の話か教えてもらえないと交渉はできません」と言いましたが、結局、最後まで名前は明かされず、団交は終わりました。

個人的で「自分の問題が解決すればよい」と考える

集団行動を嫌います。個人的で「自分の問題が解決すればよい」という考え方なので、他者の支援に協力的ではありません。「労働環境を改善しよう」、「労働者の権利を守ろう」と言われてもピンときませんし、組合の団交に参加することは苦痛でしかありません。

2018年２月、東日本旅客鉄道労働組合（JR 東労組）がストライキ権行使を検討したところ、組合員のおよそ半数の２万8,000人が脱退するという事態が起こりました。脱退の動きは今も続き、人数は４分の１以下まで減っているようです。

若い世代の傾向として、「みんなで一緒に頑張ろう」という雰囲気を極端に嫌うということを、頭に入れておく必要があります。

組合離れは進む

若い世代はお金に厳しく、給料の１～２％に当たる組合費を負担に感じています。現在でも多くの組合員が、できれば組合費を払いたくないと思っています。

たとえば労働者が合同労組を脱退し、別の組合に入った場合、現状の判例では解雇はできません。このことが全社的に波及したら労働組合は崩壊してしまうでしょう。

実際には、若手社員は勤務先の会社も労働組合も信用していません。同僚同士、友達同士で給与明細を普通に見せ合います。自分の位置を確認したい気持ちが強いのです。このような若手の考えを経営者はきちんと理解すべきです。

弁護士に任せる労働者が増えた

かつては弁護士に依頼する層と、外部労組に依頼する層は分かれていました。たとえば、リストラや退職勧奨にあった場合、外資系大手企業の人は管理職ユニオンに加入するか、弁護士に依頼するケースがほとんどでした。アルバイトなど低収入の労働者の場合、ほとんど労働組合に加入しました。

しかし最近、弁護士に依頼するケースが増えています。労働組合が衰退する一方で、大都市を中心に新しいタイプの弁護士が出現しました。

彼らは残業代請求などの労働問題を、着手金無料、印紙代無料、完全成功報酬制で引き受けます。低価格で早期解決、「回転率重視」で利益を上げるビジネスモデルです。残業代を請求され、「断固戦う」と息巻いていた経営者も「半額で手を打つのですぐに和解を」など提示されると了承してしまうケースがあります。

このような弁護士は労働組合のライバルです。両者の大きな違いは時間と金です。弁護士が初期費用無料に対し、労働組合に加入すれば組合費を支払わなければなりません。弁護士に任せておけば、組合活動や団体交渉など面倒なことに時間を費やさずに済みます。現在の労働者、とくに若手にとっては弁護士のほうがニーズにマッチしており、労働組合の衰退に拍車をかけています。

③ 労働組合に見られる変化

衰退する労働組合

労働組合は活力を失っています。それは労働環境の変化、若い世代の変化の影響もあります。

労働組合について総じて言えば、世代交代が進まず、高齢化が進んでいます。現代日本を象徴していると言えますが、同じ人物が、同じ役割を何年も続けています。新しい人が新しい組合を立ち上げたり、次世代に交代したりということはありません。

とりわけ合同労組・地域ユニオンは高齢化が目立ちます。幹部が病気入院のために団交を欠席したこともありました。

団交も簡素になっています。私が団交に出始めた16～17年前は、「２時間きっちりやる」のが当たり前でした。それでも「たった２時間で打ち切りか。全組合員が納得するまで終わりにしない」などと威勢良く責められたこともありました。

インターネット時代の組合活動

近年、合同労組はインターネットを有効活用します。組合によってはメディア関係者と特別なパイプもあります。ユニオン幹部にはメディアの仕事をしていた人が結構いるので、社会問題として提起され、「この会社を徹底的に叩く」とう空気がメディアに広がると、会社は大きな痛手を負います。

たとえば、団体交渉を拒否すると、インターネット上に会社や弁護士を糾弾するホームページが作られます。すると、前述したように「ブラック企業」とみなされ、会社の評判は急落します。応募者がいなくなり、会社の未来は厳しくなります。現在はインターネット上での社会的制裁で、会社が倒産に追い込まれる時代だと認識すべきです。

転職情報サイトには匿名の書き込みが掲載されています。労働問題が事実通りに事細かに書いてあります。恨みを持って辞めた社員など、何人もの人が書いているので核心を突いた情報が記載されています。

ですから、労働組合に対して誤った対応をすると、会社の存続にかかわります。素人でも簡単に動画を撮影し、インターネットで拡散されるので、日本中を敵に回したかのようにバッシングを受けることもあります。

人数とお金が必要な活動が減った

街宣活動には人数も金もかかります。車を動かす金、集まってくれた組合員の日当などが必要です。最近は、活動を行う体力が弱くなってきました。ですから街宣活動が始まっても、時間とともに終わると見て我慢するのが一番よいでしょう。小規模化・短縮化が進んでいます。

かつては経営者の自宅への街宣活動や面会の強要も珍しいことではありませんでしたが、現在は、「私生活の平穏を害する違法行為」とほぼ確定しているので行われません。

現在でもビラ配りはありますが、やり方は進化しています。会社の商業登記簿に記載されている会社所在地、代表者氏名、客観的な労働紛争などが記載されたビラを社長宅周辺にばら撒きます。「自宅周辺は止めてほしい」と抗議すると、組合は「ローラービラ配りをやっていて、たまたまエリアが被っただけ」などと主張します。このようにじわじわ追い込む組合もあります。

ある社長の母親は、この攻撃に遭い「恥ずかしい」「気持ち悪い」と脳卒中で倒れました。対策は取りにくいのですが、こういうやり方は未来がないと感じます。要求を通すべく必死になっていることはわかりますが、世間の支持は得られないでしょう。まわりまわって労組の支持者、加入者を減らすことになりかねません。

労働者の要求と組合の思惑が一致しない

かつてのように組合主導で労働問題を解決に導くことは少なくなりました。組合員の言いなりで、当事者に言いたいことを言わせて「ガス抜き」しているケースも目立ちます。労働者の要求と組合の思惑が一致していないのです。

たとえば、飲食業は若者のアルバイトで成り立っているので、応募がなければ経営が成り立ちません。各社はブラックバイトユニオンに戦々恐々としているでしょう。

しかしながら、ここでも労働者の要求と組合の思惑は一致していません。ブラックバイトユニオンやブラック企業ユニオンも、他の労働組合と同様、存在理由は職場環境をより良くすることです。たとえば飲食業であれば、「サービス残業を減らす」、「着替えや朝礼時間も労働時間に含める」、「昼休みを確実に取れるようにする」など職場環境の改善を図りたいというのが大義です。

ところが、労働者はそういう話に興味がなく個人的な問題解決に頭がいっぱいです。「パワハラ上司をクビにしてほしい」「慰謝料を払ってほしい」などの要求が多いのです。

リーダーユニオンや派遣ユニオンなど「非正規ユニオン」は、団体交渉を行っても１、２回で中断し、終了してしまうことがあります。なぜなら当事者が行方不明になってしまうからです。生きるのに精一杯な人が多く、団交どころではありません。あるいは当事者が話し合いが嫌になって中断したり、連絡がとれなくなったりします。その後、ずいぶん時間が経ってから突然「和解しました」と言ってきたという事例もあります。

このように、時代の変化とともに会社も労働者も組合も変わりました。労働者もバラバラ、組合もバラバラというのが現状です。ですから会社がしっかり結束し、労働者の問題意識と法律に則って対応していくことが大切です。

第1章
絶対に知っておいてほしい労組対策　基本の「き」

この章では、労働組合対策の基礎知識のなかで、絶対にはずせないものをピックアップしました。合同労組の特徴、労働組合法で禁止されている「不当労働行為」について押さえてください。

❶ 合同労組の４つの特徴

闘いを有利に進めるには、相手の実情を知る必要があります。労組対策においても、相手を知ることは大切です。闘う相手の等身大の姿を把握できれば冷静な判断もできます。

合同労組とは、「中小企業労働者を組織対象として、企業の中ではなく一定地域を団結の場として組織された労働組合であり、個人加盟の一般労組を純粋型とするもの」（菅野和夫『労働法』（第13版932頁）弘文堂）とされています。

合同労組には、以下の４つの特徴があります。「行政監督官庁（労働基準監督署等）をよく使う」「組合員を統制しきれていない場合がある」「組織拡大に熱心な時・そうでない時がはっきりしている」「人・資金に余裕がない」です。

それぞれについて説明します。

 行政監督官庁（労働基準監督署等）をよく使う

合同労組は、行政監督官庁に法律違反を申告することがよくあります。一番多いのは、労働基準監督署に労働基準法違反を申告する場合です。たとえば、未払い残業代の解釈について会社側と合意できず、団交が行き詰まったときなどに申告するケースが多く見られます。

では、なぜ申告するのでしょう。

まず、申告が無料であることが考えられます。労働基準監督署など行政監督官庁に申告する場合、お金は一切かかりません。また、申告に対する行政監督官庁の動きも比較的早いので、団体交渉の行き詰まりを打開しようという狙いがあります。

組合員を統制しきれていない場合がある

合同労組というと、固い結束力をもつイメージがありますが、組合員である社員と合同労組の担当者（上部団体から派遣されたアドバイザー）との意見がかみ合わないこともあります。

たとえば、雇止めが有効か無効かで争った際、組合員は職場復帰を希望しましたが、労組の担当者は合意退職して解決したほうがよいと主張するなど、両者の意見が一致しないケースがありました。このときは組合員と労組の担当者の関係がうまくいかなくなり、組合員は別の強硬な合同労組に加入し、再度職場復帰を求めてきました。

合同労組は社内の労働組合とは異なります。特定の労働問題を契機に、社内の労働組合（あるいは組合員個人）が合同労組に加入するに過ぎないので、組合員と労組担当者との意見が合わず、組合員が途中で合同労組を脱退することもあります。

とくに組合員の人数が多いと、そこでの意見がまとまらず、合同労組の担当者が、組合員の統制に苦慮するケースも多く見られます。

たとえば、未払い残業代を請求する際、組合員が「会社が払わないならストライキも辞さない」というグループと、「友好的に終わらせたい」というグループに割れたことがありました。

最終的には両者の調整がうまくいかず、どちらかのグループが会社を辞めることもありました。

組織拡大に熱心な時・そうでない時がはっきりしている

合同労組は、常に組織拡大を図っているわけではありません。

合同労組が企業内に支部や分会を結成している場合は、組合活動を継続的に行い、できれば組合員を増やしたいと考えています。

一方、解雇された従業員がその解雇通達をきっかけに合同労組に加入する場合、組合員を増やそうとは考えません。実際に解雇問題が解決すれば、ほとんどの場合は合同労組の問題もなくなります。なぜなら組合員が社内にいなくなるからです。

企業内で組織拡大に力を入れるかどうかは、多くの場合、事前に決めています。

人・資金に余裕がない

私の知る限り、人手不足、資金不足の合同労組が多いように思います。個人宅を事務所にし、なかなか連絡のつかないこともありました。電話をしても出ない、ファックスも送れない、書類の送付先も郵便局留で、交渉が進まずに苦労した経験があります。

団交の間隔が長くなることもあります。人手不足や資金不足で思うように活動できない場合もあると思われます。最近はより合同労組の幹部や担当者の高齢化が進み、活動が縮小している合同労組も増えています。

社長や担当者のなかには、合同労組は人も資金も豊富に有していると考えている人がいますが、実態はこのようなものです。無意味におそれず、きちんと向き合うべきです。

２ 労働組合法で禁止されている不当労働行為

労働組合および労働組合員を守っている法律が「労働組合法」です。まずはこの法律で禁止されていること、つまり使用者としてやってはいけないことを知っておきましょう。

禁止されているのは、労働組合法第７条に示される５つの事柄です。それは、「労働組合結成・加入、労働組合活動を理由とする不利益取扱い」「団体交渉拒否」「支配介入」「経費援助」「労働委員会への申立などを理由とする不利益取扱い」です（「黄犬契約」については本書では触れません）。

それぞれについて解説します。

不利益取扱いの禁止

組合活動などを行ったからという理由で、労働者が解雇などの不利益な取扱いを受けることは、不当労働行為として禁止されています。ですが、能力や実績などを理由に解雇、配転しても不当労働行為にはなりません。したがって不利益な取扱いを受けた「理由」が「労働組合員であること」「労働組合に加入したこと」「組合活動を行ったこと」などにあるかどうかが、労働委員会や訴訟などで争点となります。

その場合、使用者の言動、社内の過去の事例との比較、解雇や配置転換などを本当に行う必要性があったか、従業員はどの程度不利益を受けるのか、労働組合活動に与える影響はどのくらいかなどを総合的に考慮し判断されます。

団体交渉拒否の禁止

使用者が団体交渉を正当な理由なく拒否することは禁止されています。

団交拒否は、交渉の席に着かない場合（狭義の団体交渉拒否）と、席についたが誠実に交渉しない場合（不誠実団体交渉）の二つに分けられます。

労働組合はよく「不誠実団体交渉である」と主張します。私たちが日常的に使う「不誠実」と団体交渉時の「不誠実」は、意味も解釈も違うので注意しましょう。

以下にそれぞれを詳しく見ていきます。

① 交渉の席に着かない場合

使用者が理由を挙げずに団体交渉のテーブルに着かないことは稀です。場所や日程が合わないなどで団体交渉の開催が遅れたり、団体交渉を開催しないことが多いのです。これも程度にもよりますが、団体交渉拒否に当たる場合もあります。

また、使用者は、「上部団体の役員が来るので団体交渉をしない」「組合員名簿を提出しないので団体交渉をしない」などと理由をつけて団体交渉を開催しないことがありますが、これも団体交渉拒否に当たります。

つまり、労働組合の団体交渉は強く保障されていて、使用者が交渉の席に着かないほとんどの場合が団体交渉拒否に当たると考えてよいです。

② 席に着いても誠実に交渉しない場合（不誠実団体交渉）

不誠実団体交渉とは、回答の根拠を示さなかったり、交渉権限のない者による団体交渉をすることです。会社が労働組合の要求を受け入れないときに、労組から「不誠実だ」と言われることがありますが、それは不誠実団体交渉ではありません。

労働組合法は、労組の主張や要求に譲歩すべきであるとは言っていません。会社が必要に応じて回答の根拠を説明し、必要に応じた資料を提出すべきであると言っています。

また、団体交渉で合意した事項の労働協約化を拒否すること、合意達成の意思のないことを最初から明確にして交渉することなどは、不誠実団体交渉に当たります。

使用者の支配介入の禁止

労働組合法では、使用者の支配介入行為を禁止しています。これにはさまざまな形があります。労働組合結成の妨害、労働組合を敵視する発言、労働組合から脱退するよう勧めるなど、組織の弱体化・形骸化をねらったあらゆる行為が支配介入行為に当たります。

ただし、会社施設内での組合活動を拒んでも、原則として支配介入には当たりません。1995年のオリエンタルモーター事件（最高裁平成７年９月８日判決・判時1546号）の際、最高裁は以下のような判断をしています。

> 使用者が組合集会等のための企業施設の利用を労働組合又はその組合員に許諾するかどうかは、原則として、使用者の自由な判断にゆだねられており、使用者がその利用を受忍しなければならない義務を負うものではないから、右の権利の濫用であると認められるような特段の事情がある場合を除いては、使用者が利用を許諾しないからといって、直ちに団結権を侵害し、不当労働行為を構成するということはできない

つまり、労働組合は原則として会社の許可なく、会社施設を利用することはできません。会社のものを誰に使わせるかは会社が自由に決めてよいのです。

労組が支配介入の禁止を楯に、「あれも貸せ、これも貸せ」「貸さな

いと訴える」というケースも多かったのですが、そうした風潮に歯止めをかける判決となりました。

ただし、社内に複数の労働組合がある場合、一方に貸して他方に貸さないと、組合間差別となり支配介入行為となる場合があります。

使用者の経費援助の禁止

労働組合法では、使用者の支配介入行為と並んで、使用者の労働組合に対する経費援助も禁止しています。つまり、組合を懐柔したり、弱体化を図ることを禁止しているのです。

ところが、ここにただし書きが加わります。「労働者が労働時間中に時間又は賃金を失うことなく使用者と協議し、又は交渉すること」「厚生資金又は経済上の不幸若しくは災厄を防止し、若しくは救済するための支出に実際に用いられる福利その他の基金に対する使用者の寄附」「最小限の広さの事務所の供与」などは許されています。

要するに、最小限の組合に対する援助は認めるということです。実際、使用者が労働組合に経費援助を行ったことが、不当労働行為に当たるとして問題になることは滅多にありません。

労働組合は会社に対し、さまざまな便宜供与を求めますが、逆に会社がそれに応じるかどうかが問題になります。たとえば、掲示板や組合事務所などの貸与拒否が、支配介入行為に当たるかどうかが問題となります。

労働組合法は、使用者が労働組合に便宜供与を行う義務を定めているわけではありません。便宜供与を断っても、原則として不当労働行為には当たりません。

ただし、合理的な理由がないのに、それまで行っていた便宜供与を一方的に中止したり、複数組合が併存する場合に、一方の組合にのみ便宜供与を行ったりすることは支配介入行為となる可能性が高いので注意が必要です。

労働委員会への申立などを理由とする不利益取扱いの禁止

労働委員会に救済申立をしたことを理由に報復措置を講じることを禁じています。

③ 不当労働行為を行うとどうなるか

労働委員会への不当労働行為救済申立が出される

使用者が不当労働行為を行った場合、もしくは労組や労働組合員が、使用者が不当労働行為を行ったと考えた場合、労組または労働組合員、各都道府県の労働委員会に対し、不当労働行為救済申立を行います（解雇などの不利益取扱いの不当労働行為を行った場合は、地位確認・賃金支払い請求訴訟を裁判所に起こすケースもあります）。

申立後の流れ

各都道府県の労働委員会は、不当労働行為救済申立を受けた後、使用者に対し申立書の写しを送付します。使用者はそれに対し、原則10日以内に、答弁書と理由を説明するための証拠を提出しなければなりません。期間が非常に短いため、使用者は苦労します。そこで多くの使用者は、この段階で弁護士を代理人として申請します。

労働委員会は調査を行い、必要がある場合は、審問を行います。労使双方は、双方の主張を準備書面などにまとめ、その主張を裏付ける証拠を提出します。調査期日において、労使双方は労働委員会などから事情聴取を受け、労働委員会に対し、これまでの経緯、和解の可能性などについて説明します。調査期日において和解が成立する場合も多くあります。

裁判所の場合は、争点整理手続を行い、当事者の主張を整理して争点をしぼり、証人尋問を集中して行います。

裁判所は、当事者が申し出た証人申請を認めないことも多いですが、労働委員会の場合は、調査手続は短期間で終了させ、審問手続に時間

都道府県労働委員会の審査手続の流れ

救済申立て

↓ 労働組合または組合員による申立て
事件発生（行為終了）から1年以内

調　　査

↓ 当事者の主張を聴き、争点や審問に必要な証拠の整理等

審　　問

↓ 公開の審問廷における証人尋問等

合議（公益委員会議）

公益委員による合議で事実を認定し、この認定に基づいて不当労働行為に当たるか否かを判断し、当事者に命令書を交付

○救済命令：申立人の請求する内容について、その全部または一部を救済する命令

○棄却命令：申立人の申立てを棄却する命令

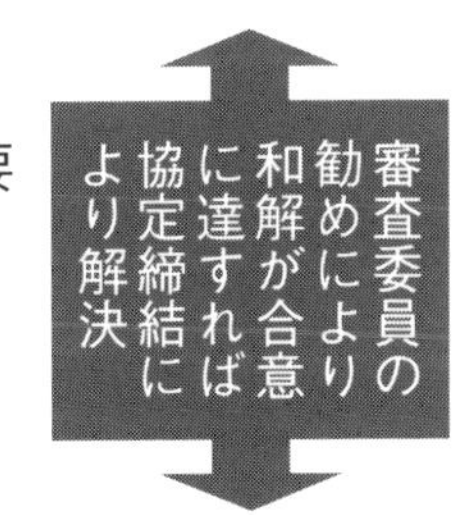

をかけます。裁判所の手続きに比べると、労使双方が申し出た証人申請を尊重し、複数の期日にわたり証人尋問を行うことが多いといえます。

命令の交付日は事前にはわからない

審問手続が終了したら、通常、労使双方審問結果をふまえて、最終準備書面（最終陳述書）を作成して労働委員会に提出します。

労働委員会がいつ命令を出すのかは、事前にはわかりません。裁判所は判決期日を指定しますが、労働委員会は命令の交付日を前もって言いません。そのため、ある日突然労働委員会から「命令を交付する」との連絡が来ます。

労働委員会の命令に不服の場合は中央労働委員会へ

労働委員会の命令に不服である場合、使用者、または労働組合員、労働組合は、原則として命令書の交付の翌日から15日以内に、中央労働委員会に再審査を申し立てることができます。

再審査の申立を受理した中央労働委員会は、都道府県の労働委員会同様、調査、審問を行い、命令を下します。

それでも納得いかなかったら行政訴訟

都道府県の労働委員会や中央労働委員会の命令にも不服である場合、命令の取消の訴えを地方裁判所に提起することができます。

地方裁判所の判決に不服である場合は、さらに高等裁判所、最高裁判所へと上訴することができます。

労使紛争が長期化する理由の一つは、「労働委員会→中央労働委員会→地方裁判所→高等裁判所→最高裁判所」と、事実上の五審制となっていることにあります。

行政訴訟において救済命令の全部または一部が確定したにもかかわらず、使用者がそれに違反した場合、１年以下の禁錮もしくは100万円以下の罰金、あるいは両方を科されます。

使用者が行政訴訟を起こさないで命令が確定し、それに従わない場合は、50万円以下の過料（ただし、作為命令の時は、命令日の翌日から起算して５日を超える不履行の日数１日につき10万円）に処せられます。

つまり、確定した命令を無視した場合は、１日当たり最高10万円の過料を支払わなければなりません。

第2章

団体交渉申入書が届いたら会社が打つべき最初の一手

本章では、労働組合から団体交渉申入書が届いた後、会社はまず何をすべきかをまとめています。最初にどう対応するかで、その後の闘いは大きく変わってきます。絶対にやってはいけない6つの行動、そして、団体交渉申入書から相手の実像をどう読み取るかについて解説します。

1 初期対応で泥沼に陥る６つのパターン

具体的な対応を述べる前に、初期対応の重要性についてお話しておきたいと思います。

会社に組合ができたとき、組合から団体交渉申入書が届いたとき、多くの社長は戸惑い悩みます。そんなとき同業の先輩社長などから、さまざまなアドバイスを受けるかもしれません。アドバイスのなかには間違ったものも多くあります。「優位に立てるなら」と行動した結果、泥沼にはまったり、闘いに負けるケースもあります。実際には、社長の間違った行動を止めるのが、私の最初の仕事になることが多いです。

衝動的にやってしまう６つの行動パターンを紹介します。これを行うと闘いは不利になりますので注意してください。

団体交渉を拒否する

第１章で述べたように、団体交渉拒否は違法です。

ですが「団交が好きだ」という社長に、これまで会ったことがありません。団交では、経営に対する文句を言われるし、個人的な誹謗中傷に近いようなことも言われます。普段なら言われないようなことを大声で言われてしまうこともあります。

だから団交を拒否したいと考えるのは、心情的にはわかります。しかし、団交をやらないと不利になるだけです。労働委員会で負け、さらに裁判になった場合にも悪影響を受けます。それだけでなく、団交拒否について労働組合がインターネットに書き込んだり、街宣活動をしたりするなど労働組合の反応も過激になります。私の感覚では、労働組合は意図的な団交拒否に対しては徹底的に闘うことが多く紛争が泥沼化しています。後述しますが、闘いを有利に進めるには、むしろ積極的に団交を行うべきなのです。

第二組合を作ろうと画策する

「もう一つ別の組合を作れば、やっかいな組合をつぶせる」「自分の意のままに操れる組合を作れば、トラブルは収まる」というアドバイスをする先輩社長がいるようです。ですが、それは嘘です。

そもそも社長が組合を作るのは違法です。さらに第二組合を作っても、社長がコントロールできる保障はありません。

社長が第二組合結成にかかわり、問題になったケースがありました。

社長は、信用している社員に第二組合を作らせました。そのことに気づいた第一組合のメンバーが、第二組合のメンバーに罠をかけました。「組合のことで相談に乗ってほしい」と喫茶店に呼び出し、「自分は第一労組を辞めたい。第二組合に移りたい」と言いました。第二労組のメンバーは、増員が見込めるのでうれしくなり、つい口を滑らせました。「実は、こっちは社長の指示で動いているから、メリットが大きいぞ」。この発言が録音されてしまいました。

どんなに秘密裏に動いたとしても、人の口に戸は立てられないものです。無意識のうちに第二組合のメンバーを優遇していたために、まわりから「おかしい」と思われたり、第二組合の委員長が、課長から次長に昇格したために疑われたりしたケースもあります。労働委員会や裁判所で争われる際に、社長が画策したという証拠がなくても、間接的な証拠から認定されることもあります。

組合委員長を解雇しようとする

組合の委員長を解雇すれば、すべてがおさまると考える社長は数多くいます。

「団体交渉の席であんなに大声で私の悪口を言うやつを解雇した

い」「仕事もしないで組合活動ばかりしているのだから、すぐに解雇したい」などと簡単に言います。多くの経営者は解雇のおそろしさを知らないのです。

労働者を解雇するには相当な覚悟が必要です。

①　失敗例その1

このようなケースがありました。あるサービス業の社長は、日頃から疎ましく思っていた組合の委員長を2008年9月1日付で解雇しました。委員長は解雇が不当労働行為に該当するとして裁判所に訴え、同時に、裁判中の生活費を確保するために賃金仮払いの仮処分を申し立てました。

2009年2月1日に仮処分命令が出され、会社はその日から委員長に賃金を仮に支払うことになりました。裁判中の生活費を確保した委員長は、急ぐ理由がなくなったので、ゆっくりと裁判を進めます。

2009年5月1日に本裁判を提起し、2010年7月末日に解雇無効の判決が出ました。仮処分命令が出た2009年2月1日から判決が下されるまでの2010年7月末日までの18カ月間、会社は賃金を仮に支払い続けることになりました。委員長の給料は30万円なので、合計30万円×18カ月＝540万円支払うことになりました。

さらに会社側が敗訴したため、裁判所は委員長に労働者としての地位があったのに会社が賃金を払わなかったとして、解雇を言い渡した2008年9月以降の給料の支払いを判決で命じました。

そのため、会社は2008年9月から2010年7月までの23カ月分の給料、つまり30万円×23カ月＝690万円を支払えとの判決をもらいました。

一審判決の強制執行を止めて、控訴審で訴訟を続けることもできますが、敗訴額の8～9割を供託することになり、金銭的負担はかかります。

社長はこれ以上争ってもメリットがないことを悟り、判決を受け入れました。仮に高裁に控訴したり、最高裁に上告したりすれば、当然のことながら支払う給料はさらに高くなります。

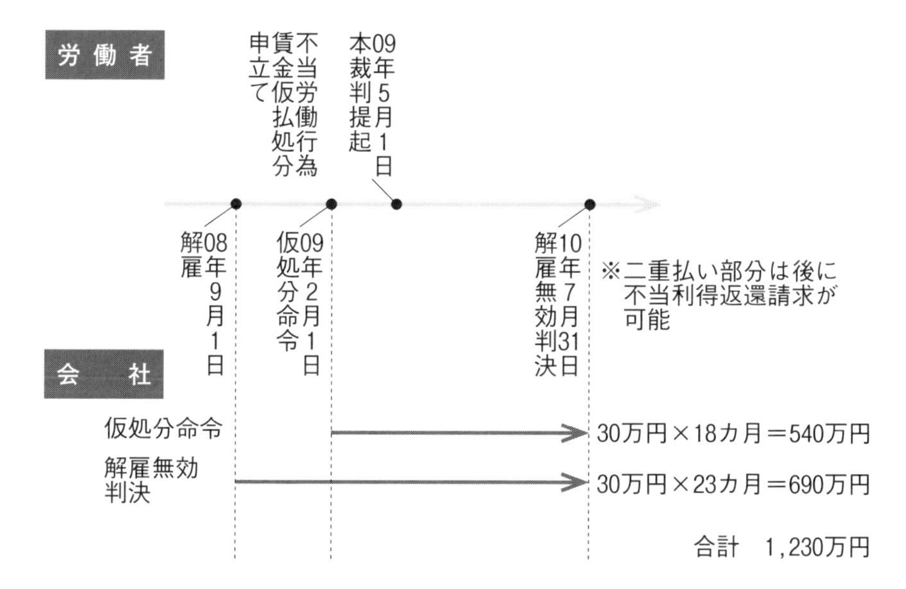

しかも最悪なのが、これだけの金額を払っても解雇が認められないことです。裁判で会社が負ければ解雇を撤回しなくてはならず、元委員長は職場に戻ってきます。そして、再び紛争が始まるケースもあります。

②　失敗例その２

あるケースでは、仕事の指示には一切従わない、日報は出さず、出すとしても数週間後に出す、残業を指示しても「できません」と言って帰ってしまうなどの行為を繰り返していました。社長に嫌がらせをするのが生き甲斐になっていて、社長の指示について聞こえないふりをするなど、子どもじみたいやがらせを繰り返しました。

③　失敗例その３

アパレル販売の店員だった委員長を解雇したケースもあります。解雇が認められず職場に戻ってきましたが、その女性は、売り場で直立不動の姿勢のまま石像のように固まっています。お客様に「別の色はありますか」「もっと大きなサイズはありますか」などと聞かれれば対応しますが、そうでないときは微動だにしないため、周囲からは気持ち悪がられています。これも会社への復讐なのです。

こうしたケースは、後述するように、一つひとつ記録して懲戒処分を行いますが、長い時間がかかります。だから、「委員長さえ辞めさせれば何とかなる」というのは、まったくの間違いだと言えます。

個別面談し組合を辞めるよう懐柔する

組合が組織されたときに、「私が言えば何とかなります」という社長がいます。組合員と個別に面談し、「組合を辞めろ」と説得すると言うのです。ほとんどの経営者は、「社員は自分の言うことを聞く」と錯覚しています。

しかし、その時点ではすでに組合から、「社長から脱退の勧誘があるかもしれないが、そのときは電話をよこせ」「それは違法行為だから録音してほしい」などと事前に手を打たれています。

そもそもこのような行為は、労働組合の運営に介入するものであり、支配介入行為として禁止されています。

もしも面談内容を録音されていたら、まったく勝ち目はありません。ある社長はこれを材料に、団体交渉で「労働委員会に訴える」と言われ、謝罪しました。謝罪したら、その後は苦しい状況が待っていました。組合に主導権を握られ、ほかの社員にも「違法行為を平気でする社長」と喧伝され、立場はどんどん悪くなっていきました。

労働組合員は、いろいろ考えたうえで組合に加入しているため、会社が辞めろと言っても、「わかりました。脱退します」と言うことはありません。むしろ、このような発言を行うことで、労働組合に会社を攻撃する材料を与えてしまうことになります。

いまの時代はスマートフォンでも録音できるので、相手に気づかれずに録音することができます。「ここだけの話」が無理な時代と考えるべきでしょう。

組合委員長と裏交渉する

交渉を有利に進めようと、「委員長に金を渡せば何とかなる」「委員長にポストを約束して懐柔しよう」という社長がいます。しかし、結局うまくいくことはありません。お金で動くような労働組合は、ほとんどありません。お金を受け取らないところがほとんどでしょうし、仮に受け取ってもうまくはいかないでしょう。領収書ももらえないし、お金を渡したことすら証明できないのです。

こんなことがありました。ある社長は、社内に組合ができたことに狼狽し、委員長を呼び出し、「組合運動だけは勘弁してくれ。いくら払えばいいんだ」と言いました。委員長に「200万円」と言われたので現金で支払いましたが、その後も組合運動は続きました。効果はまったくなく、組合活動は活発になっていきました。社長は「あの金の件はどうなったか」と迫りましたが、委員長は「何のことか」ととぼけています。結局、金銭を渡して裏交渉しようとしても無意味なのです。

新会社設立を計画する

「新会社を作って、組合員だけ元の会社に残して解雇すればいいんだよ」。社長同士の居酒屋談義では「A社はこの方法で組合を根絶したらしい」などと話題になります。

これについては後から詳しく述べますが、結論から言えば、新会社を作って非組合員を移籍し、旧会社を解散させるなど絶対にやめるべきです。裁判になれば負けるのは確実で、体力のない中小企業であれば、それだけで倒産してしまいます。

新会社設立で裁判になったケースが無数にありますが、私の知る限りすべて負けています。

2 団体交渉申入書から相手の実態を読み取る

誰が労組に加入したか、争点は何かをチェック

闘いは団体交渉申入書が届くことで始まります。団体交渉申入書が単独で届くことは少なく、労働組合加入通知、労働組合結成通知、要求書なども届くケースが大半でしょう。

文書は突然届きます。労働組合の上部団体の人と従業員が持参することもあれば、郵送の場合もあります。書類を突きつけられると慌ててしまう使用者が多いのですが、まずは落ち着いて書面を読んでください。参考に、それぞれの一般的な書式を載せておきます（**書式1～3**）。

相手は闘いの準備を周到に整えており、こちらは闘いがはじまったことをいま知ったわけですから、状況はすでに不利なのです。ここで慌てたら相手の思うままです。腰を据えて事に当たるという決心をしてください。

文書が届いた後、最初にやるべきことは、誰が労組に加入したのか、争点は何かのチェックです。さらに支部があるか、委員長や役員は誰なのかを確認します。

加入した従業員が退職者でも交渉に応じる

労働組合法は、使用者が雇用する労働者を代表する労働組合との団体交渉を正当な理由がなく拒否してはならないと定めています。ここだけを読むと、すでに解雇した人は、「雇用する労働者」ではないか

書式1　労働組合結成通知

労働物産株式会社
代表取締役　○○○○殿

○年○月○日
○○労働組合
執行委員長　○○○○
○○労働組合労働物産支部
支部長　○○○○

労働組合結成通知

このたび、私たちは、労働物産株式会社の社員をもって、労働組合の結成をいたしました。ここにご通知いたします。

なお、労働組合を結成したことをもって、労働組合員に対して不利益な取扱いを行うこと、団体交渉の申入れを拒否することなどは不当労働行為として労働組合法上禁止されておりますので、あらかじめ申し添えます。

以上

ら、団体交渉に応じなくともよいと考えるかもしれません。

ですが、答えはNOです。特に解雇をきっかけに合同労組に加入した元従業員が申し込んできた場合は、団体交渉に応じなければなりません。退職者が在職中の未払い賃金を請求してきた場合も同様です。

退職者や被解雇者など、会社を一度退職した（会社が退職したと考えている）元従業員が労働組合に加入した場合は、残業代、解雇問題などいずれの議題でも、金銭で解決することが多いものです。金銭面で合意できれば、比較的団体交渉の開催回数も少なく、短期で終わることが多いでしょう。

書式2　労働組合加入通知

労働物産株式会社
代表取締役　○○○○殿

○年○月○日
○○労働組合
執行委員長　○○○○

労働組合加入通知

貴社を退職した従業員である○○氏が当労働組合に加入しましたので、通知いたします。
なお、貴社が、当労働組合員に対して不利益な取扱いを行うこと、団体交渉の申入れを拒否することなどは不当労働行為として労働組合法上禁止されておりますので、あらかじめ申し添えます。

以上

ただし、労働組合が法外な金銭を要求する場合、元従業員が職場復帰を強く求める場合は、団体交渉を何度も開催しなければならず、場合によっては訴訟に発展することもあります。

支部・分会名があったら組織拡大に力を入れている

合同労組が企業内に支部や分会を結成している場合は、労働組合活動を継続的に行い、できれば組合員を増やしたいと考えています。このようなケースでは、支部や分会が１～２カ月で消滅してしまうということは、まずありません。長ければ何年にもわたって活動を続ける

書式３　団体交渉申入書

労働物産株式会社
代表取締役　○○○○殿

○年○月○日
○○労働組合
執行委員長　○○○○

○○労働組合労働物産支部
支部長　○○○○

団体交渉の申入れ

表記について下記のとおり申し入れます。

記

１　議題
・未払い残業代について
・年次有給休暇について
・組合事務所の貸与について
・その他便宜供与について

２　団体交渉日時
○年○月○日、午後５時から

３　団体交渉開催場所
当労働組合事務所内会議室

４　団体交渉出席者
貴社社長は必ず出席すること

以上

ことが予想されます。

よって団体交渉申入書に支部・分会名が記載されていた場合、それなりの覚悟が必要だと思います。

私のところに相談にくる社長は、事の重大さがわからず「すぐに消滅するだろう」と根拠のない自信を持っている人と、必要以上に不安を感じている人に二分されます。怖がることはありませんが、軽く見過ぎていると手痛いしっぺ返しをくらう可能性も大いにあるので気をつけてください。

また、このケースは労働組合結成後も社内の従業員に対し、組合員になるよう勧誘活動を行います。

ただし、労働組合の上部団体は、労働組合の支部や分会を結成する前に、一通り勧誘を終えていることが多く、支部や分会結成後に大幅に労働組合に加入する従業員が増えた事例は意外と少ないものです。組合ができたとわかれば、会社は有形無形の圧力をかける可能性もあります。それによって萎縮する社員もいるかもしれません。

ですから、水面下で勧誘活動をするのが鉄則となっているのです。見方を変えれば、顕在化したときには全容が明らかになっているということであり、そこから大きく変わることはあまりないのです。

組合トップによって今後がわかる

支部や分会が結成されたのであれば、社内の特定の従業員が、執行委員長、分会長などの役職に就いていることが多く、その旨を結成通知に記載しているはずです。

支部の執行委員長や分会長が誰であるかは重要なポイントです。支部の執行委員長や分会長に人望があれば、組合員の勧誘活動も円滑にいくことが多く、結成後に組合員数が増えることがあります。

また、労働組合は結成して終わりではなく、継続して活動するためには、さまざまな雑務をこなさなければなりません。支部長や分会長が、組合の雑務や組合本部との連絡などを担当することになるので、率先して手間のかかることや、面倒なことを引き受ける人でないと組合活動は長続きしません。

労働組合の活動は、執行委員長や分会長の意向に左右されることが多く、執行委員長や分会長が会社に対し強い不満を持っている人物かどうかは大きなポイントです。執行委員長や分会長が交代することで活動が過激になったり、協調路線に転換したりすることがあります。

もっとも、執行委員長や分会長ではなく書記長や副執行委員長が事実上のリーダーである場合もあり、肩書きだけでは判断できない面もありますので、その点は留意する必要があります。

委員長のタイプによって、組合の性格がわかることもあります。

①　復讐型

社長や経営陣に恨みをもって労組を作るタイプです。たとえば、先代社長には重宝されたが、新社長とは馬が合わず閑職に追いやられた人が、復讐のために集団で残業代を請求するなど、執拗に会社を攻撃するケースがありました。また、資料や資産などを秘匿しながら独立を画策していた人が、計画が明るみに出て左遷されたため、組合を結成して復讐したケースもあります。

②　権力闘争型

仕事のできる複数の有力社員が、会社を現経営陣には任せておけないと、組合を作って自分たちの好きに動かそうとしたケースがありました。また、あるサービス業の会社で、地方の営業拠点を任されていた社員がいました。その人は営業拠点を自分の城のようにしており、配置転換しようとしたら抵抗し、組合を作って、会社の施策の批判をはじめました。

③　自己保身型

病気、勤務態度の悪さ、成績の悪さなど、何らかの理由で会社を辞めさせられそうだと感じた人が、外部労組などに相談し、組合を作って自分の身を守るようなタイプです。

④　ダミー型

①②③の中心人物がダミーを立てる場合もあります。委員長が本当の委員長ではないわけです。

会社が代替わりした際、先代社長の番頭格だった役員が活躍の場を失いました。すでに50代になっていて転職するわけにもいかないし、だからと言って先代社長の息子の軍門に下るのも嫌でした。自分は役員なので組合員にはなれません。そこで、ダミーの委員長に組合を作らせてコントロールしました。

⑤　義侠型

あまりにも経営者のふるまいがひどく、それに対抗するため、社員を代表して組合を結成する場合があります。人望の厚い社員が委員長になる場合が多いです。

委員長のタイプで、組合の今後を予測することができます。

復讐型は、復讐が目的なので、どんなに非生産的なことをやっても満足できるので長期化します。

権力闘争型は、ほかの組合員が、委員長が自分のことだけしか考えていないことに気づいて一瞬で冷めてしまうケースも多いです。

自己保身型は、目的が達成されるとおとなしくなります。たとえば、大量の整理解雇が行われると思って組合活動がはじまったものの、団体交渉の結果、希望退職しか行わないことになったとします。この場合、目的は達成されるので、その後の組合活動は穏やかになります。

義侠型は、使用者にとって手ごわい存在です。結束力も強く、活動もねばり強く長期にわたって行います。一方で、話せばわかる場合もあり、経営者の態度次第で、活動停止をする場合もあります。

組合を作る人には、このような強い動機があります。これを初期の段階で分析し、見通しを立てる必要があります。

組合員が全員わからなくとも団体交渉に応じる

団体交渉申入書からでは、誰が組合員なのかわからないことがありますが、それでもまずは団体交渉に応じるべきです。

ときおり「労組加入者が全員わかるまで団体交渉には応じない」という社長がいますが、労組には組合員を明らかにする義務はありません。むしろ団体交渉を行わないと、不当労働行為となるおそれが強くなります。

なお、一般的には、使用者が個々の労働者が組合員であるかどうかを知ろうとしても、直ちに支配介入とはなりません。「協定」の締結資格を確認するために行われた組合加入有無の調査が、不当労働行為ではないとされた事例もあります（オリエンタルモーター事件、最高裁平成７年９月８日判決・判時1546号）。

労働組合員が誰であるかは、当初は不明であっても、団体交渉の出席者などから時間が経つにつれてわかることが多いため、はじめはあまり神経質になるべきではないでしょう。焦ってしつこく聞かないほうがよいと思います。

上部団体はインターネットで調べられる

社内に支部や分会が結成された場合は、上部団体に加盟していることが多いものです。結成通知には上部団体が記載されています。しかし労働組合について特別の知識を持っていない限り、その団体がどのような性格であるか、わからないでしょう。

ですが、ホームページで上部団体の名前を検索すれば、記事や写真などから、その団体の考え方や行動内容がある程度わかります。

また、ホームページを見つけたら、リンク部分を見ます。リンク部分には、その団体が加盟するさらに上部の団体が載っています。

労働組合は、大きく分けて、連合（日本労働組合総連合会）、全労連（全国労働組合総連合）、全労協（全国労働組合連絡協議会）などに分かれます。独立系の組合もありますが、大体は連合、全労連、全労協に加盟しているはずです。どの団体がどのような性格を有しているかはここでは触れませんが、リンク先のホームページを見ることで、方針や活動はわかります。

労働組合結成通知から上部団体のホームページを確認し、労働組合の今後の活動をある程度予測することは可能です。

第３章

団体交渉に勝つための交渉術

数多くの団体交渉の現場に身を置いた結果、闘いは、交渉のセッティングの時から始まっているということを実感しています。さらに交渉中にやるべきこと、やってはいけないことを具体的にお伝えします。

1 有利になる団体交渉のセッティング法

社内会議室、労働組合事務所は使わない

団体交渉の開催場所は、労使双方協議して決めるもので、労働組合の言うとおりに会社施設や労働組合事務所で行う必要はありません。

会社施設で団体交渉を開催すると、組合活動に会社施設を使用してもよいという前例を作ることになりかねません。

社内の会議室を使えば費用はかかりません。しかし、社員であれば誰でも入って来られるし、時間に制限なく使えるので、交渉を終えるタイミングも難しくなります。

社内の会議室を使った団体交渉で、監禁に近いことをされたことがありました。ドアの前に人が座っていて出られないのです。組合は「出ようと思えば出られた。監禁には当たらない」と言いますが、心理的な圧迫感はありました。

会社側は３人、組合側も向かい合っているのは委員長をはじめとして３人なのですが、まわりを30人くらいの組合員が囲んでいました。彼らは手に空のペットボトルを持ち、野球の応援団のようにバンバンと打ち鳴らしています。

委員長が発言するとペットボトルを打ち鳴らしながら奇声を上げ、社長が発言するとブーイング。私が発言すると、「弁護士はしゃべるな」「お前には聞いてない」「帰れ」などと言われます。とても話合いになりません。

交渉が進むにつれ、会社や私から意に添わない発言があると、組合員がペットボトルを大上段に振りかざして威圧的な行動に出るようになりました。

会社側は、身の危険を感じたので警告文を送り、次の団交から外部施設で行うことを申し入れ、組合も仕方なく同意しました。

そのような合理的な理由がないと、一度決まった場所を変えるのは難しいでしょう。ですから1回目の団交をどのように行うかが、とても大切です。

労働組合事務所でも団交を開催すべきではありません。団交を組合事務所で開催すると関係ない人まで参加することがあり、無用の混乱を招きます。

おススメは貸し会議室など外部の施設を利用し、使用者が全額負担すること

お勧めするのは、貸し会議室です。ある程度大きな都市であれば貸し会議室があるでしょうし、そうでない場合でもホテルなどの会議室を借りることができます。組合から「社内でやるべき」と言われるかもしれませんが、従う必要はありません。

外部の会議室を借りると、当然、使用料が発生します。この場合、使用料を労使双方で折半しようとする社長がいますが、あえて使用者がすべての費用を負担すべきです。そうすることで場所、時刻、時間について主導権を握れるからです。折半するとなると、それらは話合いで決めることになり、主導権は握れません。

ただし、赴くのが負担に感じるような場所、時刻だと、実質的に団交拒否となり、不当労働行為と認定されるおそれがあるので注意しましょう。

交渉時間は2時間一本勝負とする

交渉時間は2時間とします。2時間とれば、ほとんどの組合が納得します。

1時間だと「短い」「誠意が足りない」「話を聞く気があるのか」と

いう意見が出ますし、30分だと怒るでしょう。だからと言って長ければよいというものではありません。３時間以上も団交をやると疲れて頭が真っ白になり、考えがまとまらなくなったり、普段ではしないような意思決定をしてしまうこともあります。実は組合は、それを狙っていることがあります。そういう時に文書や議事録を出され、うっかりサインしてしまうと相手の思うつぼです。

団交が２時間を超える場合は、一度中断し、別の日に再開すべきです。どうしても別日が設定できない場合は、２時間を超えたら15分程度の休憩を入れる旨を事前に伝えておき、その後、時間延長するとよいでしょう。

就業時間中には行わない

組合が、就業時間中の団交開催を要求することがあります。これを認めると、のちに団交中の賃金を支払うべきか否かで問題になります。

使用者は、従業員が団体交渉や組合活動に費やした時間に対し、賃金を支払う必要はありません。就業時間中に仕事をせず、組合活動をしたのであれば、その時間分は賃金カットをしてOKなのです。

しかし、賃金カットに関する取決めがあいまいなまま一度就業時間中に団交を開催してしまうと、結果として賃金カットができないことがあります。一度認めるとその後も慣例となり、労務管理に支障が出ることもあります。

社長や代表が団体交渉に出席する義務はない

組合は、社長が団交に出席するよう求めることがあります。ですが、社長が団交に出席する義務はありません。人事課長や総務課長だけが出席してもかまいません。

むしろ、社長を出席させないほうがよいこともあります。社長は会社に対する思い入れが強いため、話合いがこじれたときなどに、「売り言葉に買い言葉」で不規則発言、不当労働行為発言をしてしまうことがあります。

労組もそれを心得ていて、意図的に社長を集中攻撃し、煽り、失言を誘おうとする場合もあります。

社長の代わりには、議題について決定権限のある人が出席すべきです。「社長に聞かないとわからない」などと答えると、不誠実団体交渉となり、不当労働行為となるおそれがあります。

ただし、要求や質問によっては即答、即決できないものもあります。その場合は、「持ち帰って社内で協議したい」と言ってかまいません。即断即決できる＝決定権限がある、ではありません。会社も組織である以上、時間をかけて経営陣で決めるべき場合も多くあります。即断即決、即答ができないと「交渉権限がない」などと組合から言われることがありますが、気にしなくてもよいです。

また、社内に複数の労組がある場合は、他の団交の出席者との均衡も図らなければなりません。

セクハラ、パワハラの当事者は団体交渉に連れていかない

セクハラ、パワハラが団体交渉の議題のとき、当事者（加害者と言われている社員）を連れていっても話合いがこじれるだけです。

将来、会社が当事者を懲戒処分にする可能性もありますし、解雇する可能性もあります。また、会社と当事者との間で紛争になる可能性もあります。事前に事情を聞くのはよいのですが、団交の席に座らせる義務はありません（150ページ参照）。

上部団体の役員の参加も拒否しない

従業員ではない上部団体の役員が団交に出席することがあります。

むしろ出席しないほうが稀です。団交の議題は、従業員の労働条件などであるため、会社と関係ない上部団体の人となぜ協議しなければならないのかと疑問に思うでしょう。

しかしながら労働組合法では、上部団体の団体交渉権を認めています。支部や分会と会社との団体交渉であっても、使用者は、上部団体役員の参加を拒めません。

仮に参加を拒んだ場合、組合は猛烈に抗議します。団体交渉拒否行為について謝罪を求め、主導権を握って団交を進めようとするでしょう。

スムーズに交渉を進めるためにも、上部団体役員の参加を拒否するべきではありません。

先手を打って数多くの団体交渉をセッティングする

団交の申入れがあった場合、交渉に応じたくない、できれば避けて通りたいと考えるのが社長の本音だと思います。

ですが労働組合は、団交を通じて組合員の労働条件や待遇を改善することを目指しています。

団交を開催することが、組合にとって一番大事な活動内容です。そう聞くと、なおさら気が重くなるかもしれません。しかし会社にとって、団交はやればやるほど有利になります。できるだけ回数も行うべきですし、さらに言えば組合に先手を打って数多くの団交をセッティングするとよいでしょう。たとえば「５月は連休以外、全部空いています。５回くらいやりたいので、日程を入れてほしい」旨を通知するイメージです。

団交をやればやるほど有利になる理由は、以下の４つです。

①　無益な紛争が防げる

労組は団交を開催しない使用者には、威信をかけて闘います。「総力戦」と言ってもいいでしょう。裁判所（解雇であれば賃金仮払いの仮処分など）や労働委員会を通じて闘うだけでなく、労働基準監督署（以下、「労基署」という）、当該使用者の監督官庁、取引銀行、取引先にも「要請」と称して、団体交渉に応じるように伝えるなど、活動を行います。

ほとんどの使用者は、団交を開催しないことを軽く考えているので、この時点で動揺してしまいます。しかし、時すでに遅く、使用者が大幅な譲歩をしなければ紛争は終了しなくなります。手遅れの状態になる前に、最初からきちんと対応することが、解決への近道となります。

②　紛争解決の可能性が高まる

団交を開催することで紛争解決に近づきます。というのも、ほとんどの組合はどのような形で紛争を解決するかを考えています。その点においては、使用者と利害は一致しています。

組合は、労働条件や待遇を改善することを目的とはしていますが、従業員本人ではないので、団体交渉で声を荒らげることや、過大な請求や要求を行うことはあっても、最終的な着地点は、紛争の解決、交渉の終了にあります。

同じ方向を向いていることがわかっていれば、使用者としても交渉のしがいがあるというものでしょう。

③　裁判所での心証が良くなる可能性がある

数多く団交をしていると、仮に裁判になったときに、労働委員会や裁判所の心証が良くなることはあれ、少なくとも悪くなることはありません。労働委員会や訴訟の際には、まず裁判官や労働委員会から「団体交渉をきちんとやりましたか」と聞かれる可能性があります。「やっています」と言うと、裁判官は満足げにうなずくことさえあります。案件によっては、裁判官が会社を勝たせたいと考えるケースがありますが、そのときに団体交渉をきちんとやっている会社は勝たせやすいという場合もあります。もちろん、不誠実団体交渉を重ねても意味はありませんが、誠実に団体交渉を数多く行うことは、会社にとって有利に働きます。労働組合法を熟知している会社は、徹底的に団体交渉の回数をこなしています。

④　整理解雇・不利益変更などの場合は必須

整理解雇や不利益変更を行う場合、団交は必須です。事前告知も団体交渉もせず、いきなり実施すれば、訴訟になったら必ず負けるでしょう。ですからこの場合も、できうる限り団交を行うべきです。交渉が決裂して訴訟になった場合でも、団交の数を重ねていると有利になります。団交の回数を重ねると、組合の考えや会社の整理解雇、不利益変更の弱点が明らかになることがあります。たとえば、会社が整理解雇をしようとしたところ、団交で「正社員をクビにする前にパートをやめさせるべきだ」などの指摘を受けることがあります。このような指摘には、的を射ているものがあります。このような場合は、組合の主張を採り入れて、パート社員に退職勧奨をするなどして解雇回避の努力をするべきです。このようなやり取りをすることで、かえって整理解雇が有効になる可能性が高まるのです。

２ 交渉中すべきこと、してはいけないこと

１回目の団体交渉でイニシアティブを握る

団交では、労使間の慣行（ルール）が重要視されます。最初の団交のやり方が、そのまま後の規範になってしまうことがあり、それを変えるには、合理的な理由が必要になります。たとえば、１回目の団体交渉を社内会議室で行ったら、それが団交場所として、労使間のルールになってしまう可能性があるわけです。

ですから１回目の開催場所、進行の仕方を事前にきちんと検討すべきです。

また、合同労組は、さまざまな労働者を受け入れ、問題解決のために企業に団交を申し込みます。多くの中小企業は、企業内労働組合を持ちません。したがって団交を要求されても、正直どう対応していいかわからないでしょう。

一方で合同労組は、団交の日時、場所を指定し、早期開催を要求します。そのため労働基準法や労働組合法などの知識が十分ないまま、社長が団交に臨んでしまうことがあります。その結果、すべて合同労組のペースで団体交渉が進むことがあります。

合同労組の執行委員（団体交渉の出席者）は、そのことをよく知っています。ですから、むやみに相手のペースに乗らないよう、使用者側もきちんと準備して１回目の団交に臨むべきです。本書はそのために書いています。

極端に多い人数が押しかけてきたら団体交渉を中止できる

極端に多い人数（数十人程度）が押しかけてきたとしたら、話合いになりませんので、少なくともその日は使用者側から団交を中止することは可能です。

団体交渉は、労使双方の代表者および委任を受けた人が出席して行うもので、誰でも何人でも出席できるものではありません。労働組合によっては、多数の支援者を集め、大人数で団交を開催しようとすることがありますが、過去の裁判例では、60～100名の支援者参加による団体交渉（大衆団体交渉）には応じる義務はないとしています。

もっとも、大衆団体交渉に当たるかどうかは判断が難しい場合があります。議題や労使慣行にもよりますが、使用者側より人数が多いという理由で団交を中止すると、かえって紛争を拡大させる可能性があります。単に使用者側より人数が多いという理由で団交を拒否するのはなるべく避けるべきでしょう。

人数にこだわる場合は労働委員会にあっせんを申し立てる

労働組合が極端に多い人数での団体交渉の開催にこだわる場合、使用者から労働委員会にあっせんの申立をして、労働委員会において団体交渉の人数について話合いの機会を持ちます。労働組合も団体交渉がしたいので、人数については譲歩することがあります。また、使用者があっせんの申立をすることで、団体交渉をする意思を証明することができ、団交拒否になりづらいというメリットもあります。

また、団体交渉出席者が大声を出して威圧したり、侮辱的な発言をした場合は、その都度注意します。それでも収まらなければ、警告文を出します。それでも直らないときは、団交拒否に正当性が生まれます。

ただし、団交中の発言が名誉毀損などに当たるかどうかは、前後の発言から慎重に判断しなければなりません。また、身体に害悪を加えるような発言を改めない場合は、団体交渉を拒否することが可能です。

回答書は「言った」「言わない」のトラブルを避けるために必要

団交開催に際し、労組から要求書が送られてくることがあります。要求書への回答は、口頭で行ってもよいですが、意思を過不足なく伝えるのは難しいものです。後から「言った」「言わない」でトラブルになることもあります。

こうした事態を避けるため、回答書を作成したほうがよいでしょう。簡単なものでかまいません。

回答書を作成した場合、団交の冒頭で読み上げます。回答書を作成することで議論が脇道にそれたり、話をすり替えられたりするのを防ぐことができます。

書式４に、回答書の一例を示しています。ポイントは、①労働組合宛の文書であること、②作成日、③会社名、④代表者名・押印、⑤いつの何という題名の要求書に対する回答書であるか、を明確にすることです。

交渉の録音はメリットとデメリットを理解したうえで判断する

労組のなかには、団体交渉の様子をＩＣレコーダーなどの機器で録音するところがあります。また、使用者から録音しようと提案することもあります。最近はスマートフォンなどを使用して、手軽に、しかも相手に気づかれることなく、長時間の録音が可能になりました。

録音には、メリットとデメリットがあります。

書式4　回答書

○○労働組合
執行委員長　○○○○　殿
○○労働組合○○支部
執行委員長　○○○○　殿

○年○月○日
○○株式会社
代表取締役　○○○○

○年○月○日付「要求書」に対する回答書

1 「組合事務所および組合掲示板の設置」について
「組合事務所および組合掲示板の設置」をする予定はありません。
当社には「組合事務所」を設置するスペース、予算はありませんし、「組合掲示板」についても連絡事項があれば、組合員同士で連絡をとりあえば足りる（メール、携帯電話などで）ことだと思いますので、「組合掲示板」を設置する予定はありません。
2 「組合会議等のための貴社施設の使用」について
当社には、施設のゆとりはなく、「組合会議等」に当社施設を使用させることはできません。
3 「大会・中央委員会等、機関会議への参加の有給での保障」について
「大会・中央委員会等、機関会議への参加の有給での保障」が何を指すのか不明ですが、就業時間中に「大会・中央委員会等、機関会議への参加」を行い、その時間について「有給での保障」を求めるのであれば、就業時間中は職務に専念していただきますので認めません。
4 「団体交渉は時間内での開催」について
就業時間中は職務に専念していただきますので、団体交渉を就業時間中に開催することはできません。
5 「労使双方の交渉窓口担当者」について
当社社長に連絡ください。
6 「その他、労働組合活動に必要な事項」について
前回団体交渉において、貴組合はチェックオフをするよう求めましたが、事務手続が煩雑でありますので、チェックオフを行うことはいたしません。

以上

①　メリット

メリットは、団交の様子を明確に記録できることです。発言の内容だけでなく、声の大きさ、野次の有無など、文字では得られない情報を記録できます。また録音することで、組合が発言に気をつけるようになる場合もあります。

したがって組合が録音するのであれば、相手の記録の正確性を確認するために、こちらも録音したほうがよいでしょう。組合が侮辱的・名誉毀損的な発言を行うのであれば、証拠を残すためにも録音を行ったほうがよい、ということになります。

②　デメリット

デメリットは、そのまま証拠として使うことはできないことです。録音記録を証拠として、裁判所や労働委員会に提出する場合、文字に起こさなければなりません。その作業はかなり手間がかかります。紙の団交メモのほうが証拠として使用しやすいのです。

また訴訟や労働委員会で問題になるのは、発言そのものではなく、どのような意図でその発言をしたかです。たとえば、組合活動を阻害する目的で述べたのか、職場秩序を維持するために述べたのかなど、前後の文脈が問題になります。

録音を行いつつ、書記役を一人おいて、団体交渉の記録を筆記してもらったほうがよいでしょう。筆記したものでも団体交渉の内容は十分わかりますし、手間もかかりません。むしろ書記役の記録のほうが、前後の文脈も明確になることがあります。録音データのどこに何が記録されているかを探す際に、団交メモは非常に役に立ちます。

労働組合のなかでもプロといわれる幹部の人たちは、あまり録音を重視していません。録音のデメリットを心得ているからでしょう。

余計なことは喋らない

交渉というと饒舌に議論したり、ディベートで相手を言い負かすイメージがあるかもしれません。ですが団体交渉では、会社は常に受け身でよいのです。求められたら説明し、聞かれたら答えます。自分から余計なことは話さないようにします。

私の経験では、団交上手な社長は、余計なことを一切話しません。一方、下手な社長は、組合の挑発に乗って感情的に反論し、言葉尻をとらえられて深みにはまっていきます。

罵倒されても、怒鳴られても気にする必要はありません。会社の言い分を淡々と述べればよいのです。

罵声や野次は許されない

団交だからといって、罵声や野次を浴びせることが許されるものではありません。名誉毀損、侮辱に当たるような発言を労働組合側の団体交渉出席者や傍聴人が何度も続けて行うのであれば、それは正常な団交ではありませんので正す必要があります。

労組側の団交出席者が、罵声や野次を言ったら、まず、会社側の団交出席者は口頭で、そのような発言を行わないように注意します。

それでも労組側の罵声や野次が止まらず、正常な団交を進められない場合があります。そのような場合、まずはその団交を終了させ、その後、罵声や野次を浴びせないよう警告書を出す方法があります。

団交を中断して席を立つと、団交拒否と言われかねません。いきなり中断せずに、まずは労組側に罵声や野次を言わないよう機会を与えるべきです。

警告書は、書記による団交の記録に基づき、どのような状況で、誰が、何と言ったのか、会社側がどのように注意したかなどを記します。団交の様子を録音していたのであれば、録音データを文書に起こし、正確に再現して警告書を作成します。

何度も文書で警告しても、変わらず罵声や野次を浴びせ、団交が進まない場合は、一度中断することもやむを得ないでしょう。それでも会社は団交を再開する努力を行うべきです。たとえば、労働委員会にあっせんを申し立て、団交のルールを決めるよう努力することも有効です。

なお、団交出席者や傍聴者の発言が罵声や野次に当たるかどうかは、当事者の主観によることが多いものです。少し乱暴な発言をしたからといって、すぐに警告書を出すのは行き過ぎとなる場合もあるので注意してください。

「不当労働行為だ」と恫喝されても応じられない要求は拒否する

労組のなかには、およそ不当労働行為には当たらない使用者の行為についても、「それは不当労働行為だ」「労働委員会に申し立てる」などと発言するところがあります（ごく一部の労組についての事例であり、多くの労組には該当しません）。

知識を十分に持たない社長や担当者のなかには、労組の発言を真に受け、言われるままに労働協約を結んでしまうことがあります。

労働組合法は使用者に対し、団体交渉に応じ、誠実に交渉する義務を課しています。組合の要求に対し、会社の主張を裏付ける資料を提出したり、具体的な事実を説明する必要はあります。

しかしながら組合の言うことを受け入れないからといって、不当労働行為になるわけではありません。組合の要求に使用者が応じる義務はありません。要求に応じることができないのであれば、できない理由を説明し、根拠となる資料を提出します。

一方で、労働組合と約束したことは、しっかり守らなければなりません。約束不履行は争いのもとになるだけですから、少しでも実行が難しいと思ったら、約束しないようにしましょう。

その場限りの解決をしない

① 賞与支払のため、借金を重ねることとなったケース

賃金アップや賞与の交渉の際、会社にお金がないのに妙な男気を見せ、借金してまで組合の要求に応じてしまう社長がいます。本人は問題が解決したと思っているようですが、残念ながら根本的な解決には至っていません。もっと言えば、借金をしてしまうから、問題が解決しないのです。

お金がないのに一度でも支払ってしまうと、それが当たり前になってしまいます。そうなると後は負のスパイラルができるだけです。どれほど苦労して借りたお金であっても、支払われたほうにしてみれば、「もらって当然」という気になるのです。

ある団交で、組合が賞与２カ月分を要求しました。会社にお金がないことを伝えると、組合は「借金して払え」と言いました。普通は「そんなことをしたら、会社が潰れてしまう」と言うところですが、社長は「わかった」と借金をしてしまったのです。

組合は、要求すればもっと借金をすると思い、次の賞与に関する団交の際も、「払えないなら借金しろ」と言ってきました。社長が「今回は無理」と答えたら、大もめになりました。

このケースからわかるとおり、良かれと思ってやっても、かえって恨まれるだけなのです。金銭で人のモチベーションを上げるには限界があります。

格好をつけたり、見栄を張ったり、逃げたりするのは良くありません。できないことは「できない」と、はっきり言うべきです。会社にお金がないのであれば、「ないものは払えない！」とキッパリと言いましょう。何と言われようと関係ありません。凛とした態度で対応すれば、百戦錬磨の組合も、それなりの対応をしてくれるものです。

②　押し問答の末、組合が消滅したケース

諦めて組合が突然なくなるケースもあります。金属機械メーカーで賃上げ交渉が行われたときのことです。賃下げに関する団交の席なのに、組合に強く迫られたために、社長は賃金を上げようとしました。私は思わず「社長、お金あるんですか」と聞きました。「ない」「それならはっきりと無理だと言ってください」。組合からは激しく罵倒されましたが、私は「社長、団交のピークはいまですから、頑張ってください」と言い続けました。

するとある時、組合が消滅してしまったのです。要求しても要求しても、社長は全部ダメだと言います。目的のお金は、どうやら本当にないらしい。その一方で、組合費は月3,000円かかります。１年間活動し、組合費を３万6,000円も払ったのに給料が上がらない。そうなると割に合わないし、集会に誘われたりしてうっとうしい。そうしたことから、組合員が抜けてしまったのです。

③　友好関係を築こうとして未払い残業代を請求されたケース

ある飲食業のケースです。社内に組合ができ、ほとんどの従業員が加入しました。１回目の団交で、組合はさまざまな要求をしました。掲示板の貸与、組合活動事務所の貸与、組合活動休暇などです。社長はそれらにサインをしました。社長の腹には、「こうやってすべての要求をのんでおけば、今後は組合と友好的にやっていけるだろう」という思いがありました。

ところが、団交が終わって２週間くらいが経った頃、組合の委員長がこう言いました。「社長、実は言い忘れていたことがあります。組合員の未払い残業代を支払ってください」。組合員は約30人、未払い分は8,000万円ありました。

社長は頭をかかえました。「こういうことがないように、いろいろな要求をのんだのに……」と考えたそうですが、その場限りの甘い対応が通用しない世界なのです。

「社長を出せ」「すぐに答えろ」には応じなくてよい

団交が煮詰まってくると、組合から「あんたじゃ埒があかないから、社長を出せ」という声があがることがあります。まず、前述したように、団交に社長が出る義務はありません。会社を代表して受け答えのできる人であれば誰でもよいのです。

また、交渉中に「社長を出せ」という発言が組合から出たときは、組合が行き詰まっているケースが多いものです。組合の考えには「社長を出さないと話が進まない」「社長さえ引っ張り出せば何とかなる」という思いがあるかもしれません。組合の要求に対して、具体的な根拠や資料を示して回答することができていれば、あえて社長を出す必要はありません。

また組合の質問に即答できずにいると、「まともなやつが答えろ。今すぐだ」「答えられない人間を団体交渉に出すなんて不誠実だ」などと詰め寄ってきます。これは会社を追い込むための常套手段ですが、団交に出ている担当者はびっくりしてしまいます。「自分には権限がないから、社長を呼ばなければいけない」「今すぐ答えなければいけない」と心理的に圧迫感をおぼえ、有利な回答を引き出されてしまいます。「即答しろ。イエスかノーか」と迫られて、動揺して回答すると、あとから痛い目にあう可能性が多々あります。

突然聞いた話であれば、持ち帰ってかまいません。「聞いたばかりで、社内で話し合わないと結論が出ない」と回答すればよいのです。「おまえが意思決定者だろう」と迫られたら、「たしかに決定権限はあるが、会社は組織だから、時間をかけて話し合わないと決められない」と回答します。

そう言えば相手も納得するでしょう。ときには「やられた」というような顔をするかもしれません。

交渉の流れをつかみピークを見抜く

団交を重ねても合意に至らず長期戦になった場合、会社も苦しいですが、同じように組合も相当に苦しいものです。長引けば長引くほど、組合内部に不穏な動きが出てくることもあります。

「５回も話し合っているのに、何も進まないじゃないか」とリーダーを責めたり、「これ以上やっても意味がない」と組合立上げメンバーの本人が活動から離れてしまったりすることもあります。

リーダーが孤立するなど組合内の空気が悪くなると、交渉の勢いもダウンします。次の開催日程がなかなか決まらない、交渉の間隔が長くなる、会社から連絡しても「あとで連絡します」と言ったきり返事がこない……ということも実際にあります。

交渉の機会を多く持っておくと、こうした相手の変化にも敏感に気づけるようになります。

また、極端に激しい団交が行われると、それをピークに事態が収束していくこともあります。

①　あるサービス業の例

あるサービス業で、Ａ支店からＢ支店へと女性スタッフ全員を配置転換しようとしました。Ａ支店の仕事は楽だがＢ支店の仕事はきついと評判になっていたため、女性スタッフは不当配転だと訴えました。

団交では激しい罵声が飛び交い、経営者も弁護士である私も「人間じゃない」「血も涙もない」などとボロクソに言われ続けました。

そうした団体交渉が４～５回続いたのですが、６回目に５人いた女性の一人が「こんなにつらいことはない」と大声をあげて泣きだしたのです。「これは大変なことになった」「これからもっと感情的に文句を言われるようになるぞ」と思っていたのですが、その日を境に連絡がなくなりました。

団交では会社は毎回、「配転しないでほしい」という要望を拒否しました。組合からすれば、拒否され続ける精神的なダメージは大きいものです。だから、配置転換直前になり突然、ボキッと心が折れてしまったのです。

配置転換を拒否して解雇、あるいは配置転換に応じて裁判を起こすなど、これからますます激しい局面を迎えると思ったのですが、実際には全員が退職してしまいました。

② ある運送会社の例

ある運送会社の団交では、日頃から社長が強気な態度で通していたので、２～３回目まで従業員の発言は少なめでした。ところが４回目になると、組合員の勢いが増しました。組合員は「俺は週６日勤務で月給40万円を保証するっていうから、ここで働いている」と述べたのに対して、社長は「労基法上は週５日勤務（１日８時間）が本来の姿なんだから、しかたがない。仕事がないのだから、週５日勤務になるのはしかたがない」と言い、それに対して組合員は「ふざけるな」などと言うなど激しい応酬が３時間以上も続きました。

私は内心、「これから毎回こんな激しいやりとりが続くのだろう。大変なことになった」と思いました。ところが、その日を境に団交は終わりました。組合も最後の力を振り絞って言っていたのです。

③ 激しいぶつかりあいはピークのサイン

私の経験では、団交で泣いたり、わめいたり、怒鳴ったりと、激しく感情がぶつかりあうときはピークのサインです。その日を境に収束に向かうことが多いので、使用者は粘り強く団交を重ねるべきでしょう。

歩み寄りのサインをキャッチする

最初の団交の頃、組合は強く要求を主張してきますが、交渉を重ねていくうちに「歩み寄りのサイン」が出ることがあります。それは「社長と２人で話したい」などと、正式な場以外での個別交渉を持ちかけてくるケースが多いようです。

サインはわかりにくいものですが、会社側が頑な態度をとり続けていたり、「何を言っているんだ」と無視したり不必要に怖がったりしていると、せっかくの歩み寄りの機会を見逃してしまいます。

相手の声のトーンや表情をよく観察して、サインが出たら迷わずキャッチしてください。解決に向けての扉が開かれることでしょう。

金額は組合に先に提示させる

金銭に関する交渉の場合、相手に先に金額を提示させるのが鉄則です。たとえば、「いくら欲しいのか」と聞いて、組合が「1,000万円」と答えれば、それが上限になります。

ところが組合もプロなので、普通は先に言おうとはしません。互いに金額を言わないまま、膠着状態になるでしょう。

たとえば残業代の交渉で、組合に「1,000万円支払え」と言われたとき、会社が「100万円だったら払える」と言ったとします。すると相手は「そんな雀の涙では話にならない。もっときちんとした金額を払ってほしい」と声を荒らげてきます。その際、会社は「組合も現実的な金額を提示してほしい」と述べるなどして、組合に金額を提示させる必要があります。「200万円なら払える」などと答えたら、どんどん金額をつり上げられます。

金額は、相互に提示するのがフェアです。会社は「組合も譲ってほしい」「組合の主張のこの部分は間違っているから、もっと下げた要求金額を提示してほしい」と言って下げさせます。金銭について不必要な譲歩をする必要はありません。

団体交渉が膠着状態になっても使用者からは打ち切らない

労使双方の主張の隔たりが大きく、団交が膠着状態に陥ることがあります。組合から交渉を打ち切るのであれば問題ないのですが、使用者側から打ち切ることはできるでしょうか。

特定の事項について、際限なく団交に応じなければならないわけではありませんが、どのようなケースでもそれが可能かは難しいところです。少なくとも労組、使用者双方が、意見や提出すべき資料をすべて出し尽くすまでは、団交を打ち切るべきではありません。

また、使用者が団交を打ち切ることで、労組が訴訟や不当労働行為救済申立を行う可能性も高くなります。さまざまな運動（社長の自宅や顧客に押しかけるなど）を行うチャンスを与えることにもなり、解決は難しくなります。

使用者側が打ち切っても、その後の事情が変わった場合には、再度団交に応じなければなりません。たとえば組合が、被解雇者が再就職したため、退職を前提とした解決を求めてきた場合などです。このような場合、応じたほうが、紛争解決はスムーズになります。

こうしたさまざまな可能性を考えると、使用者からの交渉打切りは避けたほうが賢明でしょう。

団体交渉を重ねることで解決の糸口を見つけられる

企業が合同労組と団体交渉を重ね、粘り強く企業の考えを述べていくと、合同労組から解決案が提案されることがあります。

ある従業員の解雇をめぐって団交が行われたことがありました。社長は、これまでの勤務態度・成績などを客観的な資料に基づいて、粘り強く説明しました。次第に労組も実情を理解し、一定の金銭を支払うことを条件に合意退職をするという提案がなされました。

企業が資料などに基づいて自らの主張を裏付ける説明を続ければ、労組も実情を理解し、解決案を示してくれることもあります。団交を途中で打ち切ったりせず、粘り強く交渉することが大事です。

企業の担当者の多くは、どうして自分が団交でこんなに苦労しなければならないのかと悩み苦しみます。

しかし、労組の執行委員も、団交について相当な負担を感じています。なぜなら労組は、さまざまな労働者を受け入れ、問題解決のために企業に団体交渉を申し込むため、一人の執行委員が相当数の団体交渉を担当しているからです。実際、一日に数社の団交へ出席するという執行委員に会ったことがあります。苦しいのはお互いさまと考え、粘り強く交渉を進めるべきです。

議事録に「サインしろ」と言われても即押印は御法度

どのような文書でも、すぐにその内容のすべてをその場で理解して検討することはできません。組合から文書を渡されても、必ず社内に持ち帰ると言って、団交の場ではサインしないようにしてください。

①　文書の名称に惑わされてはいけない

労組によっては、団交終了後に、議事録（覚書）と称する書類に会社出席者のサインを求めることがあります。担当者のなかには、「議事録（覚書）だから、まあいいだろう」などと安易にサインしてしまうことがあります。

しかし、議事録でも覚書でも文書の名称は何であれ、労使双方の代表者が、労働条件その他の労働者の待遇に関して、同一の文書に署名もしくは記名押印すれば、労働協約として効力を持つことになります。

労働協約とは労働組合と会社の約束事であり、その文書に記載されている事項を会社は守らなければならなくなります。

団交終了後で頭に血が上っていたり、組合の圧力に押されていたりする場合は、通常であれば同意しない文書にサインしてしまうことがあります。また労組は、自らに有利な文書を用意していることが多いので、気をつけてサインをしないと闘いは不利になります。

ある老舗サービス業者の二代目社長は、組合の要求をのめばうまくいくだろうと考え、団交の際、「組合の同意がなければ従業員の配置転換ができない」という文書にサインしてしまいました。後述しますが、人事権、業務命令権は会社の武器です（234ページ参照）。人事異動に労働組合の事前同意が必要であるなどとしたら、会社は手足を縛られるようなものです。唯一の切り札を相手に渡してしまうようなものなのです。案の定、この会社は労働組合に半ば乗っ取られたようになってしまいました。

私が相談を受けた時には、すでに為す術もありませんでした。「なぜあんな文書にサインしたのですか」と社長に聞いたら、「いま思えば、闘いを避けたかった。気持ちが逃げていました」と大変後悔していました。

② 必ず持ち帰って専門家と内容を検討する

こうした事態に陥らないためにも、どのような文書であっても、必ずいったん社内に持ち帰り、合意できる内容であるかどうか、あらためて冷静に弁護士や社会保険労務士などの専門家と相談しながら検討していきましょう。その内容でよいのであれば合意し、その内容に修正・削除を加える必要があるのであれば、対案を労組に提出してください。

「前向きに検討する」は禁物

労働組合が団体交渉において作成する議事録の例は、**書式5**のとおりです。

決定事項の１は、労働契約法以上の制約を使用者に課すものです。このような議事録に使用者がサインした場合、今後の労務管理に多大な支障をきたします。

２は、一見何ら問題ないように思えますが、「前向きに検討する」という一節は読む人によって捉え方が異なり、トラブルを招く危険が高くなります。労組側からすれば、「前向きに検討する」とは、会社が組合の要求に譲歩することを約束したと解釈することになります。

書式5　団体交渉議事録（労働組合が作成する場合）

第1回　団体交渉議事録

○年○月○日　第1回団体交渉出席者
会社側　○○○○
労働組合側　○○○○
　下記のとおり決定事項を確認いたします。

1　労働条件の変更、配置転換、解雇などについては労働組合の同意がなければ行わない。
2　会社は賃上げについては前向きに検討する。

以上

○年○月○日
株式会社○○
代表取締役社長　○○○○
○○労働組合
執行委員長　○○○○

このように、第1回団体交渉のその場で労働組合が提出した議事録や覚書にサインすることは、後々問題になることが多く、注意が必要です。

口頭での回答でも、「検討します」はトラブルの元になるので気をつけて使いましょう。労組からすれば「検討します」という言葉も、組合の要求を受け入れる方向で考えるという意味を持ちます。「お断りすることになるかもしれませんが、検討します」と、はっきりと話したほうがよいと思います。

 交渉日以外に社長宅に組合員が来ても話合いは拒否する

団交開催の日時は、あらかじめ書面で取り交わします。団交に社長が出席する必要はありませんが、それを不服として休日などに社長宅に押しかけるというケースが過去にありました。

そうなると怖いでしょうし、家族や近所の迷惑を考えると、穏便に収めるためにも交渉に応じるべき、と思うかもしれません。しかし、一度でも家にあげたら、「休日の社長宅で交渉ができる」という前例を作ることになります。

これではいけません。経営者自宅での街宣活動（拡声器使用、面会強要など）については、裁判所も違法であると認める場合が多いです（東京地裁平成16年11月29日判決、東京・中部地域労働者組合（街宣活動）事件等）。

ですから毅然とした態度で「○月○日○時に、会社が団体交渉を行う予定になっているので、今は応じられない」「所定の場所でのみ団体交渉を行う」「社長が一人で交渉することはない」と代表者にきちんと伝えましょう。そのうえで、その場から立ち去らないのであれば、速やかに一一〇番に通報しましょう。

事前協議条項には要注意

労働組合から「組合員の人事異動は、組合との事前協議を経て行う」との条項が提示される場合があります。この条項は要注意です。本来、組合員の人事異動をする際に、組合との事前協議は不要です。この条項に同意する義務はありません。また、この「協議」というのは、単に１～２回団交のテーブルにつけば足りる程度のものを指しません。「協議」というのは、可能な限り協議を尽くすという解釈がな

されることが一般的です。したがって、事前「協議」が不十分ですと、人事異動が無効となってしまうのです。特に事情がない限り、事前協議条項を結ぶことは断るべきです。解雇について事前協議条項を提示されることもありますが、これも同様に断るべきです。

③ 近年の変化を受けた団体交渉のポイント

序章で見てきたように、労働環境等が変化したことにより、団体交渉の進め方も変化しています。交渉にあたり、こうした変化も押さえておく必要があります。

団交で会社がイニシアティブを握るケースも出てきた

現在は団交に２時間かかることはまれで、30分程度で終了することもあります。組合幹部の体力、気力がもたないからです。

そうした点を逆手にとり、団交のイニシアティブを握る企業も増えてきました。ある大手メーカーは「改善点はどんどん要求してほしい」と伝え、次々に認めていきました。ほとんどの問題が解決し、その結果、組合は消滅してしまいました。

中小企業で同様に対応するのは現実的には難しいですが、かつてのように「団交では何でも突っぱねる」という姿勢ではなく、要求をある程度受け入れながら「働き方改革」に適合するように自社を変えていくという戦略が有効です。

組合内での争いが元で組織が縮小するケースもあります。団結したほうが政治的な影響力やスケールメリットがありますが、実際には「これは自分の金だ」「これは自分の客だ」と小さくまとまっています。本来の組合の目的は「世の中を変えたい」「労働者を救いたい」でしたが、志は年々小さくなっています。

場所にこだわる組合がなくなった

以前は、就業時間中の団体交渉開催を要求されたり、場所についても「組合事務所でやれ」「会社でやれ」など要求されたりして、組合側が時間、場所にこだわりました。

現在、そのような組合はなくなりました。会社に「外部の会議室を取ってほしい」と要求するケースが多く、揉めることはありません。団交の時間と場所を会社が指定しても、あっさり応じる場合が多いです。

その場合、会議室費用は会社が全額支払います。全額払うことで、団交会場、会場の広さ、机の配置などを決めやすくなります。都内では貸し会議室の料金が高いため、安価な狭い部屋を選びがちですが、至近距離での交渉は圧迫感が強く、疲労度が増します。多少費用はかかっても広めの部屋を借りるとよいでしょう。

開催日には会場に早く行き、机を設置します。自分たちのやりやすいようなレイアウトにします。

かつて過激な合同労組の団交で、机を会社側の目前まで動かしたことがありました。そして机を叩いて奇声を張り上げ、暴れました。対抗策として何台もの机をつけて移動できないようにしました。もし近づかれたときには「手元に資料があるので困る。やめてほしい」とはっきり言います。団交で言いたいことを言わないと、認めたものと扱われます。

人数が多くてもゆったりと構える

団交手法の１つに、大人数で会社と交渉する「大衆団交」があります。たとえば病院、学校などで確立しています。これを止めさせると不当労働行為で負ける可能性があるので受け入れるしかありません。かつて大衆団交は大人数で圧力をかけるため、会社側にとっては悩みの種でした。

ところが組合活動に対して消極的、それほど時間を割けないという組合員が多いので、最近は大衆団交に人が集まらず、労組は組合員の「足抜け」を監視するようになっています。それでも用意している座席が埋まりません。焦った組合が参加を強制すると、それに反発する若手が脱退してしまうという悪循環が起きています。

これまで会社側は大衆団交を警戒して「人数制限してほしい」、「人数は○人以内にしてほしい」などと要求していましたが、状況が変わりました。「来たい人は自由に参加してほしい」というスタンスでゆったりと構えるのが得策です。最初は人数が多くても我慢していれば、組合はその人数を維持するため、組合員に参加を強制し自壊していきます。

第4章
ストライキ

ストライキは会社にとって顧客に迷惑をかけることから、かなりの打撃になり得ます。
本章では、会社としてストライキに対応するために押さえておくべきポイントを解説します。

❶ ストライキをめぐる状況

日本におけるストライキは減少し続けている

厚生労働省によると、ストライキを含む労働争議の件数は減少傾向にあり、1974年には１万462件あったものが2023年は292件となっています。しかし、一方で2022年の270件に比べて増加しており、労働争議の件数は長期的には減少傾向でしたが、令和に入った2019年頃から横ばい傾向となっているといえます。

これは、大企業などの労使関係が安定しているということもありますが、争い事を好まない、人に迷惑をかけたくないなどの日本人の国民性も大きく関係していると思われます。

また、ストライキの原因はさまざまですが、多くの場合、利益の分配を求めてストライキを行います。ところが、日本はバブル崩壊以降低成長もしくは現状維持が続いており、利益の分配ができるような状況にないことも理由の１つかと思います。

いくつかの重要な動きがある

一方、最近の日本におけるストライキに関するニュースではいくつかの重要な動きがありました。

①　ジェットスター・ジャパンのストライキ

航空会社ジェットスター・ジャパンの労働組合（JCA（Jetstar Crew Association））は、2023年12月22日から2024年１月１日にかけて賃金や労働条件の改善を求めてストライキを実施しました。

特定の部署や組合員が「指名スト」として参加し、一部の便が欠航するなどの影響が出ました。

②　非正規労働者の賃上げ要求

2024年3月、非正規雇用の労働者が加入するいくつかの合同労組が大手回転寿司チェーン、大手スーパーマーケット、大手学習塾、大手英会話スクールなどの勤務先約120社に対し一律賃上げ10%を求め、5社では勤務シフトに入らないなどのストライキを実施しました。

高速道路サービスエリアの事例

2019年、ある高速道路サービスエリアで大規模なストライキが発生しました。このストライキは、サービスエリア運営会社の従業員により、経営陣の退陣や解雇された同僚の復職を求めるために行われました。39日間続き、最終的には従業員全員が復職し、社長が退陣することで決着しました。

2 労働組合にとってのストライキ実施のメリット・デメリット

メリット～交渉の切り札～

当然、事業運営に影響を及ぼすストライキは交渉の切り札になり得ます。私が経験した範囲でも、ストライキをちらつかせられたことで大幅な譲歩をせざるを得なくなったことがあります。

デメリット

① 労働組合内部で意見が分かれる

ストライキは特に顧客や関係者に与える影響が大きく、クレームに至ることもあります。労働組合に関係のない同僚がクレームを受けたりするなども起こります。

そのため、労働組合の内部でもストライキ実施の是非やストライキを実施した後でもいつ中止するかで意見が分かれることがあり、場合によっては大量の脱退者を出すことがあります。

② 無給のリスク

詳細は後述しますが、ストライキ期間中はノーワーク・ノーペイで無給となりますので、労働者は収入が減ることになります。歴史のある労働組合ではストライキのための闘争資金を積み立てているので、それを財源として賃金の代わりに支給することができますが、歴史がない労働組合はカンパなどによって賃金を補填することになります。ジェットスター・ジャパンの労働組合も、ホームページで支援の寄付を呼びかけていました。

3 ストライキに関する法的ルール

日本におけるストライキの法的位置付け

日本国憲法第28条では、「勤労者の団結する権利及び団体交渉その他の団体行動をする権利は、これを保障する。」と定めています。この「団体行動」にはストライキも含まれており、ストライキを行うことは憲法で保障されている権利になります。

欧米社会では労働組合によるストライキが違法とされ、場合によっては刑事責任や損害賠償義務を負う時代もありましたが、さまざまな立法や判例の積重ねにより、ストライキを行っても法的責任が免責されることになりました。日本においても、日本国憲法においてストライキを含む団体行動を行う権利が保障されました。

憲法上保障される団体行動がどこまでを含むのかについては争いがありますが、単に労務を提供しないストライキが民事・刑事ともに適法であることは争いがありません。上述のジェットスター・ジャパンのようにストライキにより航空会社に多額の損失が発生する場合でも、労働組合ならびに労働組合員は損害賠償義務を負担しません。

「ノーワーク・ノーペイ」の原則

一方、労働組合がストライキを行ったとしても、会社が賃金を支払う必要はありません。日本における「ノーワーク・ノーペイ」の原則は、労働者が労務を提供しなければ賃金を受け取る権利がないという、基本的な労働法の原則です。ストライキの場合も、この原則が適用されます。以下に詳細を説明します。

① ノーワーク・ノーペイの基本原則

「ノーワーク・ノーペイ」とは、労働者が仕事をしなければ会社に賃金を支払う義務は発生しないという意味です。これは日本の労働法における基本的な考え方であり、正当なストライキ中でも適用されます。

② ストライキ中の賃金

ストライキは労働者の正当な権利ですが、ストライキ中は労務を提供しないため、その期間の賃金は支払われません。これがノーワーク・ノーペイの具体的な適用例です。

③ 労働組合の賃金補填策

労働組合は、ストライキによる賃金の損失を補填するために、以下のような措置を講じることがあります。

・ストライキ基金

多くの労働組合は、ストライキに備えて「ストライキ基金」を積み立てています。これは、ストライキ中に組合員が経済的に困窮しないように支援するための資金です。ストライキ中に組合員に一定の金銭的支援を行うことで、ノーワーク・ノーペイの影響を軽減します。

・支援と寄付

他の労働組合や支援団体からの寄付や支援を受けることもあります。連帯行動を通じてストライキを支援し、組合員の経済的負担を軽減します。

公益事業に従事する労働組合がストライキを行う場合の特殊なルール

日本において公益事業に従事する労働組合が複数の都道府県にまたがるストライキや事業所閉鎖などの争議行為を行う場合には、通常の労働争議とは異なる特別な手続きや制限が課されています。以下にその主要な手続きと制限を説明します。

①　公益事業の定義

公益事業とは、一般市民の生活や安全に直結し、安定した提供が求められる事業を指します。具体的には、電気、ガス、水道、交通、通信、医療などが含まれます。

②　労働争議の手続き・制限

・労働委員会への予告

次の公益事業に従事する労働組合がストライキを実施する場合、労働委員会等への予告が義務付けられており、争議行為開始の10日前までに、労働委員会および厚生労働大臣または都道府県知事に通知しなければなりません（労働関係調整法第37条）。

・運輸事業
・郵便または電気通信の事業
・水道、電気またはガス供給の事業
・医療または公衆衛生の事業

たとえば、運輸事業には地方公共団体のゴミ収集を請け負っている運送会社の事業も含まれていますので裾野は思ったよりも広いと言えます。

労働委員会は、通告を受けると速やかに調停や仲裁を行うための手続きを開始します。これにより、争議行為の拡大や社会への影響を最小限に抑える努力がなされます。

労働関係調整法による公益事業等に係る規制

○　争議行為が行われた場合に、国民の日常生活等に大きな影響を与える公益事業（※）等については、労働関係調整法（労調法）に、特別な調整制度や規制が設けられている。

※　「公益事業」とは、①運輸事業、②郵便、信書便又は電気通信の事業、③水道、電気又はガスの供給の事業、④医療又は公衆衛生の事業であって、公衆の日常生活に欠くことのできないものをいう（労調法第8条第1項）。

1. 公益事業等に係る強制調停（職権調停・請求調停等）	○　労働委員会による労働争議の調停は、関係当事者の合意に基づいて開始することが原則（任意調停）だが、公益事業等については、関係当事者の合意に基づかずに開始することが可能（強制調停）。 (1)　公益事業に関する事件について、関係当事者の一方から労働委員会に調停の申請がなされた場合又は労働委員会が職権に基づいて、調停を行う必要があると決議した場合（労調法第18条第3号、第4号） (2)　①公益事業に関する事件又は②その事件が規模が大きいため若しくは特別の性質の事業であるために公益に著しい障害を及ぼす事件について、厚生労働大臣又は都道府県知事から労働委員会に調停の請求があった場合（労調法第18条第５号）
2. 公益事業に係る争議行為の予告	○　公益事業において争議行為を行う場合、争議行為をしようとする日の少なくとも10日前までに、労働委員会及び厚生労働大臣又は都道府県知事にその旨を通知しなければならない（労調法第37条第１項）。 ※公益事業以外の争議行為は事後届出制。 ○　厚生労働大臣又は都道府県知事は、通知を受けたときは直ちに公衆が知ることができる方法によってこれを公表しなければならない（労調法施行令第10条の4第4項）。 ※官報等により公表されている。
3. 公益事業等に係る内閣総理大臣による緊急調整	○　内閣総理大臣は、①公益事業に関するもの、②規模が大きいもの、③特別の性質の事業に関するものであるために、争議行為により、国民経済の運行を著しく阻害し、又は国民の日常生活を著しく危くするおそれがあると認める事件について、そのおそれが現実に存するときに限り、中央労働委員会の意見を聴いて緊急調整の決定をすることができる。緊急調整の決定をしたときは、直ちに理由とともにその旨を公表し、中央労働委員会及び関係当事者に通知しなければならない（労調法第35条の２）。 ○　中央労働委員会は、緊急調整の決定に係る事件を優先して処理（労調法第35条の４）。 ○　緊急調整の決定の公表から50日間は争議行為を行うことができない（労調法第38条）。
4. 安全保持施設の争議行為の禁止	○　工場事業場における安全保持の施設の正常な維持又は運行を停廃し、又はこれを妨げる行為は、争議行為としてでもこれをなすことはできない（労調法第36条）。

（2024年４月５日第１回労働政策審議会（労働条件分科会電気事業及び石炭鉱業における争議行為の方法の規制に関する法律の在り方に関する部会）資料より）

・争議行為の禁止期間

法律によって、特定の産業あるいは部門について争議行為が禁止されている場合があります。

たとえば、鉱山のガス爆発防止施設や落盤防止施設等のように、工場や事業現場における人命の安全保持の施設の正常な維持運営を阻害する行為（労働関係調整法第36条）および電気事業において停電ストのような正常な電気供給に支障をきたすような行為（電気事業及び石炭鉱業における争議行為の方法の規制に関する法律（スト規制法）第２条）、また石炭鉱業において鉱山を破壊して復旧が困難になるような行為（同法第３条）等も禁止されています。

スト規制法と労調法の緊急調整の関係

○　スト規制法と労調法の緊急調整は、ともに国民経済や国民生活に多大な支障を生じないようにするため、争議行為を制限するものであるが、

・スト規制法は、正当でない争議行為の範囲を明らかにし、未然に防止するものである一方、

・緊急調整は、一定期間、通常の争議行為を禁止し、その間にあらゆる手段を講じて労働争議を調整・解決させることを狙いとするものである。

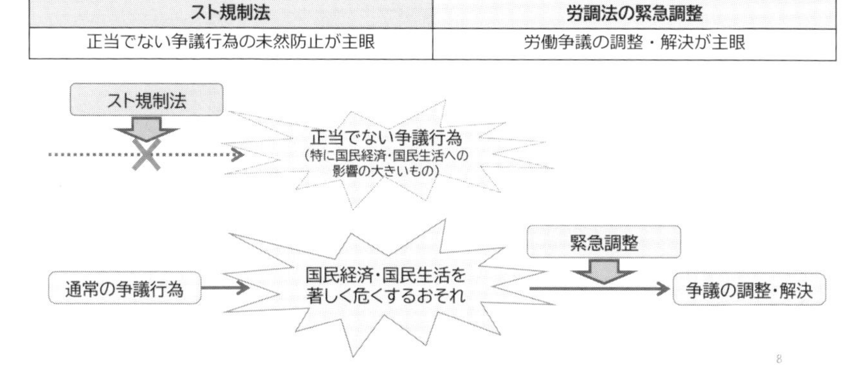

スト規制法	労調法の緊急調整
正当でない争議行為の未然防止が主眼	労働争議の調整・解決が主眼

（2024年4月5日第1回労働政策審議会（労働条件分科会電気事業及び石炭鉱業における争議行為の方法の規制に関する法律の在り方に関する部会）資料より）

労働組合には、ルールに則ったストライキかの確認を促す

公益事業に従事する労働組合でストライキを行う場合、厳格な手続きや制限が設けられています。これは、社会全体への影響を最小限に抑えるための措置であり、労働組合はこれらの規定を遵守しながら争議行為を行う必要があります。労働委員会への通告や調停・仲裁の手続きは、その一環として非常に重要です。

労働組合側も昔は慣れていましたが、今はそうでもなく、これらの規制を知らないことがあります。そのため、これらの規制を通知すれば会社には時間の猶予が与えられることになり、ストライキ対策や交渉をする時間ができます。

なお、公益事業に従事する労働組合に限らず労働組合が争議行為（ストライキ、怠業（サボタージュ）、作業所閉鎖その他労働関係の当

事者が、その主張を貫徹することを目的として行う行為およびこれに対抗する行為であって、業務の正常な運営を阻害するもの）を行う場合、次の手続きが必要です。

・労働組合法に則った決定

労働組合の規約において「同盟罷業は、組合員または組合員の直接無記名投票により選挙された代議員の直接無記名投票の過半数による決定を経なければ開始しないこと」と定める必要があります（労働組合法第５条第２項第８号）。

そのため、労働組合がストライキを実施するにあたっては、規約に従って直接無記名投票の過半数による決定を経る必要があります。

・争議行為の発生届

争議行為が発生したときは、その当事者は、直ちにその旨を労働委員会または都道府県知事に届け出る必要があります（一の都道府県内のみに係るものであるときは当該都道府県労働委員会または当該都道府県知事に、二以上の都道府県にわたるものであるとき、または全国的に重要な問題に係るものであるときは、中央労働委員会または関係都道府県知事の一に対し届け出る）。

ストライキへの対抗方法

自己の弱みを認識する～顧客に迷惑をかけることについてどう考えるか～

経営とは、矛盾との戦いであると言えます。たとえば製造業で言えば、コストをかければ品質が上がる可能性が高くなりますが、価格も上がります。コストをかけなければ価格が下がりますが、品質も落ちる可能性が高くなります。

このように相対立する要請をいかに調整して利益をあげるかが難しいところであり、このような矛盾との戦いが経営であるとも言えます。

ストライキ対応で言えば、ストライキが実施されれば顧客に迷惑をかけ、顧客離れを招く可能性がありますが、一方でストライキ解除のために安易な妥協をすれば、労働組合は交渉の度にさらなるストライキを行う可能性があります。

そのため、長い目で見て、何が株主、顧客、労働組合員を含む従業員のためになるのかを考えて、場合によっては短期的には顧客に迷惑をかけることになっても労働組合との交渉で妥協せず、ストライキ導入も致し方ないと判断することもあると思います。

一方で、顧客に可能な限り迷惑をかけないようにするための措置、航空業界で言えば速やかな周知と振替え、払戻しなどを、迅速に行うべきです。

相手の弱みを分析する

孫子の兵法に「敵を知り己を知れば百戦危うからず」という言葉があります。 まさにそのとおりで、相手の弱みも分析する必要があります。次のポイントを分析することをお勧めします。

① 人間関係

労働組合のメンバー間にもさまざまな人間関係があります。リーダー格の組合員の方針にしぶしぶ付き合っている組合員や、リーダー格の組合員と反りが合わない組合員もいる場合もあります。

人数が多ければ多いほどストライキを行ったときの威力は絶大なものになりますが、労働組合内部にストライキの方針に内心は反対している組合員が出てくる可能性があります。中にはこのような過激な行動にはついて行けないとして、脱退を考える組合員も出てきます。

② 意見の相違

ストライキの実施をめぐっては、「賛成でも反対でもない」「そもそもストライキを行うということがどういうことかよくわからない」「会社の方針については反対だがお客さんに迷惑をかけたくない」など、労働組合内部にもいろいろな意見があり得ます。

ストライキを行うことで動揺が広がることもあります。ある24時間体制の老人ホームでストライキ騒動が起きたときには、利用者の生命の安全を図れないのではないかという意見が出て内部で路線対立が激しくなり、脱退者が多数出たことがありました。

③ 資金

資金も、ほとんどの労働組合にとっては悩みの種です。ストライキ期間中は無給となるため、特にストライキ闘争資金が貯まっていない、設立間もない労働組合の場合は生活に支障を生じる可能性があります。

④ 時間

時間も弱みの一つです。時間が経過すると、周りからの否定的な評価を耳にすることがあります。たとえば、同僚から「ストライキはいろいろな人に迷惑をかけるのではないか」と言われる、などです。

そのため、時間が経過すればするほど労働組合員も疲れてきて、継続をめぐって意見の対立が生じたりします。

事前準備をする（顧客への説明・在庫の準備・業者への依頼・非組合員への通知の準備）

労働組合は、事前にストライキの実施をほのめかすことがあります。また、周りの噂でストライキを実施するかもしれないとの情報が流れることがあります。

その際、いち早く在庫の準備や請負業者に業務を依頼するなどして準備を進める必要があります。また、顧客に迷惑をかける可能性があるので、顧客への説明の準備も進める必要があります。

徹底抗戦する

使用者側弁護士からの意見ですので、一般的ではないかもしれませんが、ストライキが起きた場合、一度は徹底的に争ったほうが良いと思います。

２で述べたとおり、ストライキの実施は労働組合にもデメリットがあり、これを実施すると肉体的にも精神的にも、そして金銭的にも大変消耗します。労働組合内部の意見調整でかなり揉めることもあり、ストライキが長期化すれば、さらに消耗度合いが増すことになります。

方、会社にも企業イメージのダウン、顧客の減少、取引業者からの信用低下など、多大なデメリットをもたらします。

つまり、一度徹底的に争うことにより、双方がストライキによるメリット・デメリットを存分に実感し、次回以降はストライキをいかに回避するかを検討するようになります。

ところが、会社側が中途半端に妥協してしまうと、再度ストライキの機運が高まり、何度でもストライキが起きるようになります。逆説的ですが、ストライキを二度と起こさないためには徹底的に争うことが必要といえます。

① 請負業者を用いて業務を継続する（派遣社員を用いることはできない）

製造業などであれば請負業者に依頼して、ストライキ対象の製造ラインについて業務を行ってもらう方法があります。私も過去にストライキではありませんが、三六協定締結拒否・時間外労働拒否の製造ラインにおいて、請負業者に依頼して製造を継続したことがあります。

請負業者に依頼した場合、最近は見られませんが、労働組合がピケッティング（picketing）という方法で請負業者の業務を妨害することがあります（②で詳述）。

なお、労働者派遣法第27条では「派遣労働者が労働組合の正当な行為をしたこと等を理由として、派遣先は労働者派遣契約を解除してはならない」と定めています。これは、派遣労働者もストライキを行う権利を有しているということですから、ストライキの際に派遣社員を用いることはできません。

② ピケッティング〜非組合員による代替勤務（もしくは残業）に対する妨害行為〜

ストライキが実施された場合、会社は非組合員による代替勤務によって何とか人のやりくりをすることがあります。労働組合にとってはストライキの効果が減殺され好ましいものではないため、昔からピケッティングという方法で非組合員による代替勤務を妨害することがあります。

ピケッティングとは、労働者がストライキなどの抗議活動の一環として行う行動の一つです。具体的には、労働者が職場の周囲や特定の場所に集まり、横断幕やプラカードを持って抗議の意思を示し、他の労働者や一般の人々に対して労働条件の改善や経営側の対応に対する不満を訴える活動を指します。

ピケッティングの違法性は行為の態様によって異なり、スクラムや座り込みを行ってスト参加者以外の就労を阻止したり、脱落者の防止を監視したりするという態様が多いことから、威力業務妨害の問題が圧倒的に多いです。

裁判例では、新聞社の活版工場で非組合員が職場に入ろうとしたところ、組合員がスクラムを組んでそれを妨げた行為は、正当な争議行為とは言えないとしたものがあります（朝日新聞社小倉支店事件、最高裁昭和27年10月22日判決）。

また、信号所の勤務員にストライキへの参加を勧誘する目的で係員以外の立入りが禁止されている信号所に立ち入った行為は、刑法上違法として、建造物侵入罪、公務執行妨害罪の成立を認めました（久留米駅事件、最高裁昭和48年４月25日判決）。

さらに、タクシー会社において、ストライキ中の組合員らがタクシーの運行を阻止するためにタクシーのそばに座り込み、タクシーを運行できない状況においた行為は、正当な争議行為とは言えないとしました（御國ハイヤー事件、最高裁平成４年10月２日判決）。

同事件で、最高裁は次のように判断しています（下線は著者による）。

> ストライキは必然的に企業の業務の正常な運営を阻害するものではあるが、その本質は労働者が労働契約上負担する労務提供義務の不履行にあり、その手段方法は労働者が団結してその持つ労働力を使用者に利用させないことにあるのであって、不法に使用者側の自由意思を抑圧しあるいはその財産に対する支配を阻止するような行為をすることは許されず、これをもって正当な争議行為と解することはできないこと、また、使用者は、ストライキの期間中であっても、業務の遂行を停止しなければならないものではなく、操業を継続するために必要とする対抗措置をとることができる…（中略）…右の理は、非組合員等により操業を継続してストライキの実効性を失わせるのが容易であると考えられるタクシー等の運行を業とする企業の場合にあっても基本的に異なるものではなく、労働者側が、ストライキの期間中、非組合員等によ

る営業用自動車の運行を阻止するために、説得活動の範囲を超えて、当該自動車等を労働者側の排他的占有下に置いてしまうなどの行為をすることは許されず、右のような自動車運行阻止の行為を正当な争議行為とすることはできないといわなければならない。

今の時代、ここまで過激なピケッティングがなされることはありませんが、万が一起きたときに慌てないように知識は入れておく必要があります。

③ 顧客への連絡・代替手段の確保

顧客に迷惑をかけることがありますので、顧客への連絡は必須となります。もっとも、対法人顧客の場合は損害賠償請求などシビアな話になることもありますので、ストライキ回避のための努力を続けるとともに、代替手段確保により迷惑をかけないように努力するしかありません。

④ 労使窓口交渉、ホットラインの活用

団体交渉以外に労使の連絡担当者として窓口交渉というものが行われることがあります。

通常は簡単な日程調整などのやり取りをするのですが、ストライキが発生した場合などは実質的にこの窓口交渉で相手の意向を探り、労使交渉を行うことがあります。普段から信頼関係が構築されていれば、お互いある程度本音の話を匂わせることもあるかもしれません。

当然事務的なことしか話せませんが、何となくお互い本音がわかり打開案が出る可能性があります。

また、次ページ以降で述べるとおり、労使のホットラインはこの時こそ機能します。トップ同士のやり取りで打開の糸口が見える場合もあり得ます。

5 ストライキ発生を回避するには

ストライキが起きないようにするためにはどうするべきでしょうか、会社側の立場から述べたいと思います。

日頃から十分な対面コミュニケーションを図る

労使関係は、日頃からのコミュニケーションの積重ねの有無がものを言うときがあります。

表面的には労働条件を争ってストライキに突入しているように見えても、実は労使のコミュニケーション不足による思い違いやボタンのかけ違えによる不信といった、深刻な人間関係のトラブルが背後にある場合があるからです。

これらを避けるために、日頃から対面のコミュニケーションを図る必要があります。なぜビデオ会議が普及した今でもアメリカや中国の首脳が定期的に対面でコミュニケーションを行うかと言えば、人間は対面で膝を突き合わせて話すと心理的な距離も縮まり、一定の信頼関係が生まれるということを、経験的に知っているからです。一緒に食事をしたり、煙草休憩で一緒になった際に話したりすることでも構いません。

日頃からの十分な対面コミュニケーションを図ることが重要になります。

人手不足の解消に力を入れる

ストライキを実施されたとしても、会社側が代替人員により業務を継続することは何ら違法ではありませんので、代替人員により業務を継続することができる環境ではストライキを実施しても効果的とは言えません。しかし慢性的な人手不足の状態でストライキが行われると、代替人員を確保できないため、ストライキは効果的な争議方法となります。

私は日本では弁護士ですが、中国の上海では人事労務コンサルタントとして活動しており、中国で何度もストライキ対応を行ったことがあります。中国におけるストライキは在庫が薄くなっている時期に起きやすく、会社の泣き所を的確に理解してストライキを実施していると感じました。

ストライキが起きないようにするためには、その効果が低減されるよう人手不足解消に力を入れる必要があります。

偶発的衝突を予防するホットライン

ストライキを避けるためには、労使のリーダー同士のホットラインを設け、適宜疑問や懸念がある場合に口頭で早めに話し合いができる関係を築いておく必要があります。

アメリカ－ロシア間のホットラインは、キューバ危機後の1963年8月30日に設けられました。二大国家の首脳間で直接意思疎通を行うことにより、偶発的に戦争が発生しないために設けられたのです。

もちろん、これだけでストライキを避けることができるとは限りませんが、お互い疑心暗鬼になり無用な紛争が発生することを防ぐことができます。実際に中国のストライキでは労働者側のリーダー格の従業員と会社側の経営者が直接話すことができると、解決は比較的早期にできることが多かったです。

⑥ ストライキ以外の最近の争議行為

一斉有給休暇取得

一斉有給休暇取得闘争とは、労働組合が組合員に対して特定の日に年次有給休暇を取得するように呼びかけることで集団的に職場を離れ、経営者に圧力をかける戦術です。これは、法的なストライキと異なり、労働者の正当な権利である年次有給休暇を使用するため、法的リスクが低いとされています。

白石営林署事件（最高裁昭和48年3月2日判決）では、この点について次のように述べています。

> いわゆる一斉休暇闘争とは、これを、労働者がその所属の事業場において、その事業の正常な運営の阻害を目的として、全員一斉に休暇届を提出して職場を放棄、離脱するものと解するときは、その実質は、年次休暇に名を籍りた同盟罷業にほかならない。したがって、その形式いかんにかかわらず、本来の年次休暇権の行使ではないのであるから、これに対する使用者の時季変更権の行使もありえず、一斉休暇の名の下に同盟罷業に入った労働者の全部について、賃金請求権が発生しないことになるのである。

もっとも、最近の事例では大勢で一斉に有給休暇を取得するようなことはせず、数名で集中的に特定の職場で直前に有給休暇を取得する案件が多いため、対応に苦慮することが多いです。

三六協定遵守・残業拒否闘争

三六協定は労働基準法第36条に基づく労使協定のことで、正式には「時間外・休日労働に関する協定」といいます。この協定は、労働時間の延長や休日労働を行うために使用者と労働者の間で結ばれるものです。労働基準法では、原則として労働時間は1日8時間、週40時間を超えてはならないと定められていますが、三六協定を締結することでこれを超える労働が可能になります。

三六協定の締結には、従業員代表（労働組合または労働者の過半数代表）の同意が必要です。しかし労働者側が三六協定の締結を拒否した場合、時間外労働や休日労働を命じることが法的に認められなくなるため、企業はこれを行うことができません。

三六協定遵守・残業拒否闘争が発生すると、労働組合はさまざまな要求と引換えに三六協定の締結を求めてきます。会社が要求を拒否すると労働組合側も三六協定の締結を行わず、残業を拒否することになります。237ページで事例を紹介していますので、そちらをご確認ください。

第5章

こんなとき、どうする？
テーマ別労組問題解決のポイント

この章では、よく問題となるテーマに迫ります。未払い残業代、解雇、配転、給与や賞与など、それぞれの問題の争点と解決ポイントをわかりやすくお伝えします。

❶ 未払い残業代問題

未払い残業代問題は、支払う人数、金額によっては、会社にとって死活問題となります。団体交渉の議題に残業代問題が取り上げられた際の注意点と解決のポイントをまとめました。

時間外労働と認めざるを得ないもの、そうでないものを見極める

残業代の未払いが団体交渉の議題になった場合、労働組合のいう時間外労働には、「法律上時間外労働として認めざるを得ないもの」「時間外労働とは認められないもの」に分かれます。

たとえば、物流会社のケースで、配達中のサービスエリアでの仮眠は労働時間に当たるか、配達先での停車時間は労働時間に当たるかなど、労働時間、休憩時間の判断が難しい場合があります。

このような場合、会社は事実をもとに、サービスエリアでの仮眠などが労働時間に当たらないと主張することになります。

一方で、タイムカードなどから残業の事実が明確なケースもあります。このような場合でも、労働時間ではないと言い続けることは自由ですが、言えば言うほど、労働組合や組合員に不信感を抱かせ、労使紛争が長引き深刻化することも考えられます。

こうしたトラブルを避けるためにも、まずは弁護士や社会保険労務士と相談し、時間外労働と認める部分、認めない部分を分けます。法律上支払うべき点と争うべき点を区別して、残業代を計算することが大切です。そのうえで団交に臨み、問題解決にあたりましょう。

腹をくくって問題解決に向け交渉するしかない

残業代を請求するのは在職中の社員が多く、多くの場合、合同労組に加入します。合同労組は労基署に申告し、交渉を有利に運ぼうとします。しかし、「支払うべきは支払う」ことを最初に説明すれば、労基署は団交の進展を待ってくれます。

組合加入者が１人の場合、就業規則の不利益変更で処理し、訴訟をして解決金を支払って退職してもらうことはできます。

ですが複数人の場合は違います。たとえば在職中の10人が一気に組合に加入し、残業代請求を行った場合、訴訟はできません。会社が倒産するからです。

そこで半分開き直り、半分は情に訴え、「申し訳ないが、組合の言うとおりに満額支払えば会社は倒産する。現実的な話合いをしよう」と言うと、大抵は応じてくれます。その後、時間をかけて交渉します。

非請求者にもある程度支払います。就業規則を改定して定額残業代制度を導入し、社員から同意書をもらいます。

これからはどんな業種でも残業代の支払いを意識せざるを得ません。そうしないと会社が存続できない時代になっています。

「労基署に申告する」などの言葉に惑わされない

労働組合が、未払い残業代があることを労基署に申告したり、申告予定であることを通知したりするケースがあります。なかには、労基署に申告されることに驚き、労働組合の計算どおりの未払い残業代を支払う社長がいますが、これは賛成できません。

労働組合が労基署に未払い残業代があることを申告したとしても、労使が団交を継続し、合意に向けて交渉が続いていれば、多くの場合、労基署は団交の進展を待ちます。

もちろん、未払い残業代が一部でもある場合は、労基署は是正勧告を出しますが、会社が労働組合と団交を続け労基署に団交の経過報告を欠かさなければ（もちろん監督官にもよりますが）、何の予告もなく送検することはなく、大きな問題になることはありません。

「歩合制なら残業代は発生しない」と誤解していた社長

従業員約30名の運送会社のケースです。労働組合が結成され、従業員２名が加入。従業員２名は、会社管理職との人間関係のトラブルを抱え、会社に敵意を抱いていました。

また、個人的な理由から金銭的に困っていました。労働組合は、団交の当初から未払い残業代問題を議題に挙げてきました。会社の給料は歩合制です。社長は「歩合制であれば残業代は発生しない」と誤解し、これまで、まったく残業代を支払っていませんでした。業務内容は、長距離を走るものではありませんが、１日当たり８時間以上乗務していることが多く、乗務時間帯は深夜にわたることが多いのです。

この会社は、どう対応すればよいでしょうか。

現在の労働基準法では、所定労働時間を超えて勤務した場合には、残業代を支払わなければなりません。

しかし、運送業や飲食業など長時間労働が常態化している業種では、経営者が残業代を払っていないことがあります。なかには「入社時に残業代は支払わないと約束した」と主張する社長がいますが、そのような約束は無効です。運送業であっても飲食業であっても、残業代は支払わなければなりません。

もっとも、歩合給の場合は、特殊な計算式で割増賃金を計算することになりますので（労働基準法施行規則第19条第１項第６号）、多くの場合想像よりは少なく算定されるはずです。この点にはご注意ください（後述121ページ）。

組合加入者が一気に増えることはない

在職中の社員から未払い残業代の請求があると、経営者は他の社員にも波及し、組合加入が増えることをおそれます。

実際は、そのようにはなりません。最初から複数で組合に加入している場合は別ですが、交渉が進展してからの便乗は許さない気質があります。このあたりは個人主義の社員が増えていることと関係していて、便乗しようとする社員が現れると「こっちはこれまで苦労してやってきた。いまさらふざけるな」という態度を示します。他の社員が成り行きを見守っているケースはあっても、追いかけて組合に加入することはまれでしょう。

このことを知らずに初手の対応を誤ると、かえってトラブルが深刻化します。

ある運送会社の話です。１人の運転手が突然、「社長、未払い残業代500万円を支払ってほしい。昨日、合同労組に加入して請求してきたから」と言いました。手には未払い残業代についてまとめた計算書も持っています。慌てて弁護士に相談すると「支払う義務がある」と言われましたが、社長は「払うわけにいかない。他の社員に説明がつかない」と突っぱねてしまいました。その後、合同労組と団交を行ったものの話は不成立で、訴訟になりました。

訴訟になり、退職することを引換えに多額の金銭を支払うことになりましたが、その結果、追随者は現れませんでした。団体交渉で安易に支払っていれば、どうなっていたかはわかりません。

未払い残業代を支払うと倒産してしまう会社はどうする？

従業員が労働組合に加入し、未払い残業代の支払いを請求した場合、会社は、過去３年分の残業代を支払うことになります（未払い賃金の時効については121ページ参照）。したがって、すべての未払い残業代を支払うと倒産してしまう場合もあります。
このような場合、どうしたらよいのでしょうか。
まず、労組はタイムカードや賃金台帳を提出するよう求めてきます。資料は速やかに提出しましょう。提出しないと、労組も団交でまとめることができず、裁判所で決着をつけざるを得なくなります。
労組は、タイムカードなどをもとに独自に残業代を計算します。会社は、計算方法や労働時間か否かなど、争えるものについては争います。運送会社のケースでは、仮眠時間が労働時間か休憩時間なのかが争点となりますが、会社は労働時間ではないと主張すべきです。
次に会社は、過去3年分の残業代を支払うと経営が苦しくなることを述べます。労組によっては、会社が倒産しては元も子もないと、減額交渉に応じるケースもあります。しかし、そのようなことを気にしないケースもあります。

非組合員の残業代も放置しない

難しいのは非組合員の残業代です。労働組合と妥結し、組合員に未払い残業代を支払ったとしても、非組合員に支払わないわけにはいきません。労働組合と妥結できず、訴訟になった場合も、非組合員に対して何もせず放置するのは得策ではありません。

① 非組合員の残業代を計算する

そこで、非組合員についても残業代を計算します。予算があれば全額支払います。全額支払うと倒産してしまう場合は、支払える総額を決め、各従業員の未払い残業代に応じて配分します。配分したうえで、すべての従業員と個別面談します。組合員のみを排除すると、支配介入など不当労働行為に当たる可能性があるからです。

②　未払い残業代が団交の議題になっている場合は、面談することを労組に伝えておく

未払い残業代の問題が団交の議題になっている場合は、労組にも面談前に話をしておきます。団交を行っているにもかかわらず、労組に断りなく組合員と個別面談をすると、支配介入に当たると言われる可能性があるからです。

③　面談の際に注意すること

面談では、「会社は経営状態から未払い残業代の一部しか支払えない」として、残りの残業代を放棄してもらうように話し、念書（次ページ**書式６**）にサインをもらいます。そして、同意した残業代を現金か口座振込みの方法で支払います。未払い残業代も債権ですので、労働者が真に同意したと認められる客観的事情があれば、放棄することは可能です。

一方で、残業代の放棄が認められるかは不明です。たとえば、残業代の放棄はあえて行わせず、過去数カ月分の残業代を支払うことも可能です（書面で通知する必要があります）。残額については３年前の未払い残業代から消滅時効が進行します。

なお、面談では、労働者を威圧したり、強要したりしないようにしなければなりません。場合によっては、家に持ち帰りたいという従業員もいると思いますが、それを拒否してはいけません。

また、組合員は面談を拒否する可能性があります。そのとき、面談に応じるよう強制してはいけません。その場合、団交で対応することになります。

書式6　残業代放棄に関する念書

念　書

1　私は、○○株式会社 代表取締役 ○○○○氏より、本日、私が勤務する○○株式会社の○○の運用方法が、労働基準法に適していないとの説明を受けました。

2　この説明により、私は以下の期間（○年○月○日～○年○月○日）、時間外労働手当を受け取る権利があることを理解いたしました。

3　しかしながら、私は、自らの自由意思により、過去（最大３年間）の時間外労働手当の総額○円のうち○％分を受領し、残り○％分の手当を放棄することといたします。

4　なお、私自身が権利を有する時間外労働手当の総額と、受領する金額は下記のとおりであることを了解しております。

時間外労働手当総額（○年○月○日～○年○月○日）	○円
受領金額（時間外労働手当○％分）	○円

5　私の時間外労働手当について、上記のとおり説明を受け、その内容について承諾いたしましたので、本念書に署名いたします。

○年○月○日

○○株式会社
代表取締役社長 ○○○○ 殿

住所：○県○市○町○丁目○番○号

氏名：○○○○

組合員のみに支払っても問題は解決しない

従業員が労働組合に加入し、労働組合を通じて未払い残業代を請求することがあります。この場合、特定の従業員のみ未払いであることは少なく、たいていは、ほとんどの従業員に残業代を支払っていません。

組合との交渉では、組合員の未払い残業代のみが議題となりますが、それだけを解決しても真の解決にはつながりません。

非組合員の未払い残業代を放置すれば、非組合員が不満に思うことは間違いありません。あえて非組合員の未払い残業代を放置して紛争の種を残すことは、労使関係にとって好ましくありません。

したがって、労組と組合員の残業代について交渉しつつ、併せて非組合員の残業代についても計算し、解決を図るべきです。

解決すると組合活動が沈静化することもある

未払い残業代の問題は、さまざまな要因が絡んでいることもあり、団交が激しくなったり、見解の対立から長期化したりすることもあります。

見方を変えれば、この山場を乗り越えれば、組合活動が沈静化に向かうこともあります。私が見てきた多くのケースで、組合員は未払い残業代の支払いを目的に労組に加入しました。したがって、この問題が解決すれば、組合活動を熱心に続ける意味がなくなります。

ある広告代理店では、長年残業代の計算方法を間違っていました。社員数十人分となると、金額は1,000万円を超えていました。団体交渉を重ねましたが合意できず、あやうく訴訟になりそうだったので、やむをえず会社が支払うことになりました。ところが、残業代の問題を解決すると、組合活動は一気におとなしくなりました。

労使間で見解が対立していても、労働組合の主張に一理ある場合もありますから、弁護士や社会保険労務士などの専門家と相談しながら、早期解決するように協議すべきでしょう。

私は社長が苦しんでいる時、「この山さえ越えれば会社は正常化します。辞めたい、売りたいという気持ちはわかりますが、もう少し頑張りましょう」と励まします。

経営者が注意すべきは金持ちと見られないことです。地元の名士で何代も続いている場合、資産家と思われがちです。会社の状態が苦しいなら正確な数字を伝えることです。そうしないと過度の請求が続きます。

就業規則の不備を直し、抜本的な解決を目指す

未払い残業代が問題になる原因の一つに、就業規則の不備が挙げられます。

会社は、残業代の一部として手当を支払ったつもりでいても、就業規則に「○○手当をすべて所定時間外労働、休日労働、深夜労働に対する割増賃金として支払う」旨の記載がない場合は、「支払った手当＝残業代」とは判断されません。

また、給与明細に残業代とそれ以外の給料の区別がなく、一部を残業代として支払ったつもりでいても、そう判断してもらえない場合もあります。

就業規則や制度を改正するには、労働組合と協議する必要がありますが、こうした問題が起きたときこそチャンスです。残業代を支払うと同時に就業規則の改正も行い、抜本的な解決を目指します。

ただし、それまでの扱いを変え、一部の手当を残業代として支払うことは、賃金の切下げにつながり、労働条件の不利益変更の問題となり、非組合員の場合は従業員個人の同意（書面が実務上必要です）、組合員の場合は組合の同意が必要です（詳しくは242ページを参照）。

歩合給の場合の残業代の計算方法

では、残業代の計算方法です。あまり知られていないのですが、歩合給の場合、残業代の計算は通常と異なります。運送業の場合、歩合給の占める割合が多いのですが、この計算方法を知っていれば残業代の時間単価は大幅に減ります。一般に労組はこの計算方法で残業代を計算しませんので、会社から指摘する必要があります。計算方法は以下のとおりとなります。歩合給が多ければ多いほど、残業代の単価は低くなります。

固定給部分の時間外単価（Ｘ）＝固定給÷１カ月当たりの所定労働時間数
歩合給部分の単価（Ｙ）＝歩合給÷その月の総労働時間数
割増賃金＝（Ｘ×1.25＋Ｙ×0.25）×時間外労働時間数

裁判のメリット

裁判を行うと、任意の交渉よりかかる金額は高く、時間も長くかかるので、できれば避けたいと思う社長が多いものです。

ですが裁判にはメリットも多いのです。会社が裁判まで争った場合、裁判は、一般の社員にとってハードルが高く、他の社員が続けて裁判で争う可能性は減ります。また、和解条項には守秘義務条項を入れることができ、他の社員へ波及することをある程度防ぐことができます。

未払い賃金の時効消滅期間の延長

厚生労働省は働き手が企業に対し、未払い賃金の支払いを請求できる期間を延長しました。労働基準法で過去２年は遡り請求できるとされていたのが、民法改正を受けて当面３年、原則５年となりました。サービス残業を減らし、長時間労働の抑制につなげる狙いですが、企業の負担を増やす面もあります。

たとえば、管理職が在職中に合同労組に加入して未払い残業代請求する場合、退職を前提に、割増退職金の引き上げを狙っていることが多くありました。そのような場合、再就職を意識してか、ほとんど裁判にはなりませんでした。1,000万円、2,000万円の残業代を請求したために元同僚との人間関係が悪くなったり、転職に影響したりするなど、損失のほうが大きいと考えられていました。

しかし、未払い残業代の消滅時効が2年から5年になると状況は変わります。金額は2.5倍になります。2,500万円～3,000万円の未払い残業代を手にすることもあり、これを手に引退する人も出るでしょう。

残業代を支払っていない中小運送会社に目をつけ、残業代請求を繰り返す人が現われる可能性があります。会社には気の毒ですが法的には未払い残業代の請求が成り立ってしまいます。

未払い残業代問題対応で押さえておくべきポイント

☑ 法律上支払うべき点と争うべき点を区別して、残業代を計算する
☑「労基署に申告する」などの言葉に惑わされない
☑ 非組合員の未払い残業代も放置しない
☑ 解決すると組合活動が沈静化することもある
☑ 就業規則の不備を直し、抜本的な解決を目指す

2 解雇問題

残業問題と並んで団交で争点となるのが、解雇問題です。すでに解雇した人でも、会社は団交を拒否できません。正面から向き合い、まずは相手の主張を冷静に把握することが大切です。

職場復帰か金銭による解決かを見極める

最初の話合いで大切なことは、元従業員に職場復帰の意思があるか、それとも金銭的な解決を求めたいのかを見極めることです。団交の初期段階では「解雇撤回を求める」「職場復帰を求める」と述べることがありますが、それはあくまで労組の見解であり、本人の意思ではない場合もあります。

私が見てきた事案の多くも、元従業員は職場に戻る意思がなく、最終的には「合意退職＋解決金支払い」で解決しています。

一方で、従業員の現職復帰の意思が固い場合もあります。再就職が容易でないことから、頑なに職場復帰を目指す事例が増えました。そのようなケースは、使用者が職場復帰を認めなければ団交は平行線に終わり、最終的に訴訟に発展するなどして、労使紛争は長期化します。最終的に金銭解決をするにしても、解決金額が高額化します。

問題をこじれさせないためにも、元従業員が何を目的にしているのか、話合いに参加した会社側のメンバー全員で、冷静に議論し、判断します。

正社員解雇は訴訟になったら勝てない

日本の解雇規制は非常に厳しく、限られた理由や証拠がそろっている場合を除いて、訴訟になると正社員の解雇は無効であると判断される場合がほとんどです。あるいは、解雇が無効であることを前提に和解するよう裁判所に促されます。

解雇問題については、もちろん解決内容にもよりますが、多くの場合は団体交渉の段階で解決するほうが望ましいといえます。

個別具体的にみる「解雇事由」

解雇にかかわる団体交渉において、解雇事由が何であるかは重要です。団体交渉の内容が変わってきますし、訴訟になった場合、解雇が認められる確率も変わるからです。以下、個別具体的に検討します。

なお、普通解雇の場合は、解雇事由を解雇後に追加・変更することが可能です。また、解雇後に従業員の不正が発覚する場合もあります。そのような場合は、解雇事由を追加・変更することが可能です。

① 協調性不足

中小企業では少人数で協力して仕事を進めなければなりません。一人でも協調性に欠ける従業員がいると業務に支障が生じ、会社全体の死活問題にまで発展してしまうこともあります。

とはいえ、会社が特定の従業員の協調性欠如を立証することは困難です。労働組合は「協調性に欠ける具体的事実を述べよ」「証拠をあげよ」と反論してくるでしょう。

そうなると、協調性不足を裏付ける事実が必要になります。具体的には、「組合員が同僚の従業員に暴言を吐いた」「上司と口論をした」などの事実がそれに当たります。

しかしながら中小企業の場合、十分な証拠を用意する前に解雇していることが多いのです。つまり、誰が、いつ、どこで、何をしたのか、具体的に証明する証拠がほとんどない場合が多いのです。裁判所は証言をほとんど信用しないので、書面などの客観的な証拠が必要なのですが、そのような証拠がある場合は稀です。そのため裁判所で解雇の有効性が争われても、ほとんど勝ち目がありません。

また、協調性不足を裏付ける証拠があっても、労働組合は「配置転換や指導教育を行ったか」など、会社が解雇前にとるべき措置をとっていないのではないかと述べることがあります。

労働組合の言うとおり、配置転換や指導教育を何度も繰り返した結果、「協調性がないと判断した」という事実がないと、解雇が有効となる確率は低いでしょう。大企業であればともかく、中小企業は意識的に指導教育を行っている場合は少ないですし、配置転換も会社の規模が小さければやりたくてもできないのが現実です。

そこで会社としては、言うべきことは言いながら、金銭で合意退職できるかどうか、労働組合の反応をみることになります。本人に職場復帰の意思がなければ、労働組合も金銭で合意退職をする意向を有していることが多いのです。合意退職に向けて具体的な金銭の交渉に入ることになります。

②　能力不足

能力不足とは、営業部門であれば営業成績が他の従業員と比べて著しく低い、製造部門であれば技能水準が低く、会社の求める仕事を遂行できないなどを指します。協調性不足と併せて能力不足による解雇を行うことも多いと思います。

裁判所は、能力不足による解雇が有効であるとはなかなか認めません。労働組合も厳しく反論します。

なぜなら能力不足とは抽象的で、何をもって能力不足というのか難しいからです。営業成績のように客観的な基準があればわかりやすいのですが、そういった指針がない部門で、仕事ができないことを客観的に立証するのは困難です。

先述の協調性不足同様、能力不足の解雇の有効性を判断するにあたって、裁判所も労働組合も、解雇に至るプロセスを重視し、従業員を指導・教育したかを厳しく問います。

中小企業では従業員への指導・教育を意識的に行うことは少なく、

まして記録をとっていることは稀です。多くの場合は、従業員にいつ注意・指導をしたのか記録がなく、その事実を証明することができないのです。

一方で、始末書をとったり、指導記録が残っていたり、配転を何度も試みていたのであれば、労働組合に対して具体的事実を早めに説明し、解雇の有効性を訴えることができます。

また、中途採用者で比較的賃金が高く、特定の成果を出すこと、能力を発揮することを期待されて入社したにもかかわらず、成果を出せない、あるいは能力が劣っている場合は、解雇のハードルが低くなり、解雇が有効になるケースも中にはあります。

求人内容、入社時の説明、雇用契約書の内容、成績不良・能力不足の事実を示すことができれば、労働組合も無視することはできず、多くの場合、退職を前提とした金銭解決を目指すことになります。

③　人事異動命令拒否

人事異動命令とは、転居を伴う異動のみならず、別の業務に従事するよう命じることをいいます。会社が労働組合員である従業員に対し、人事異動命令を行ったにもかかわらず、労働組合員がそれを拒否して団体交渉になる場合があります。特に転居を伴う異動の場合は、労働組合活動が事実上できなくなる場合もあり、争われることがよくあります。

・一般的には会社の人事権は広く認められる

異動に関してはケースバイケースで、一概には言えませんが、特に労働組合の執行委員長や役員、リーダー的存在の従業員に転居を伴う異動を命じた場合は、慎重な対応が求められます。配転により組合活動ができなくなる場合、労働組合を弱体化するための不当労働行為に当たると判断されるおそれがあります。

一方、同じ事業所内の別業務に異動を命じることもあります。たとえば、システムエンジニアであった従業員を営業に従事させる場合です。このような場合、労働組合は「職種限定で採用されたのであるから、異動は無効である」と主張しますが、異議を受けて撤回していては、会社経営は成り立ちません。

雇用契約書に職種限定の文言があるなど特別な事情がない限り、日本の労働法では、就業規則の根拠規定などがあれば使用者に広範な人事権を認めています。人事権は会社にとって生命線といえ、たとえ対象者が労働組合員であっても、業務上の必要性と人選の合理性が具体的であれば、不利益が格段に大きいなどの事情がない限り人事異動命令は有効となります。

・労働条件の変更を伴う場合は要注意

もっとも、異動によって賃金などの労働条件が変わる場合は、団体交渉などで協議し、場合によっては経過措置を設けるなど何かしら手を打つべきでしょう。

労働組合は、異動拒否による解雇が有効となる可能性を十分承知しているため、最終的には人事異動命令に応じるよう本人を説得することが多いです。

それでも人事異動命令を拒否した場合は、会社は本人を呼び出して正式に人事異動命令を発令し、さらに拒否するのであれば自宅待機を命じ、面談や労働組合との団体交渉を通じて解決を図ることになります。それでも解決できない場合は、最終的には解雇することになります。

・「労働組合の同意が必要」な場合は話は別

しかし、労働組合と交わした覚書に「転居を伴う人事異動にはＢ労働組合の同意が必要である」との条項が含まれていた場合は、話が変わってきます。この条件を使用者側が承諾しているということであれば、解雇はもちろん、人事異動もできなくなってしまいます。くれぐれもこのような事態に陥らないよう、覚書の取り交しは慎重に行ってください。

④ 金銭の窃盗・横領・詐取を理由とする解雇

金銭の窃盗・横領・詐取を理由とする解雇は、金額の多寡を問わず（限度はありますが）、多くの場合有効と認められます。しかし実務上は、民間企業は捜査機関ではないので、ほとんどのケースで十分に証拠を収集できません。特に懲戒解雇については、裁判所は厳しく解雇事由を判断しますので、疑わしいだけでは解雇無効とされるおそれがあります。

労働組合も、会社が金銭の窃盗・横領・詐取を理由として解雇した場合、そのほとんどが「証拠がない」「不十分である」と、解雇の撤回を迫ることになるでしょう。

証拠が十分であれば、解雇を撤回せず、団体交渉を進めるべきですが、不十分な場合は、解雇を撤回することもやむを得ません。もっとも証拠が不十分であるか否かは最終的には裁判所が決めることであり、使用者の判断で決まるわけではないので、他の状況証拠を積み上げ解雇事由を補強することで団体交渉を乗り切ること（金銭による合意退職和解）も可能です。

⑤ 勤怠不良を理由とする解雇

勤怠不良を理由とする解雇は、多くの場合、有効と認められます。

もっとも、「ときおり遅刻する」などの理由では解雇有効となりません。注意・指導しても遅刻・欠勤が改まらない、遅刻・欠勤により業務に重大な支障をきたしたなどの理由が必要です。

労働組合も著しい勤怠不良を理由とする解雇については、裁判になると分が悪いことを知っているため、多くの場合、金銭による合意退職和解を目指します。

⑥ 整理解雇

整理解雇は、経営不振などから固定費を削減して、会社存続を図るための最終手段です。整理解雇を行う場合、整理解雇を行った後だけではなく、整理解雇を行う前にも団体交渉を行う場合があります。

社内に労働組合がある場合は、会社が労働組合に事前通知もなく整理解雇を行うことは、ほとんどありません。希望退職を募集する段階で、労働組合と団体交渉を行います。当然のことながら、事前告知も団体交渉もせず、いきなり整理解雇を行えば、訴訟で負けることは必至です。

まず、希望退職募集を行う旨通知し、募集対象者の範囲、募集人員、募集期間、退職割増金の金額について労働組合と協議する必要があります。なお、整理解雇については、142ページから詳しく説明します。

解雇を議題とする団体交渉が決裂したら

解雇を議題とする団体交渉が決裂した場合、その後はどうなるのか、いくつかのケースを挙げたいと思います。

①　労働委員会のあっせん制度

各都道府県労働委員会には「あっせん」という制度があります。労働組合は、すぐに労働審判や仮処分を申し立てず、労働委員会のあっせん制度を利用することがあります。

労働委員会のあっせん制度は、労働委員会のあっせん委員が労働組合と会社の間に立って、解雇の有効性や残業代の支払いについて話合いで合意解決することを目指すものです。

しかし、裁判所における裁判と異なり、当事者にはあっせん期日に出頭する義務もなく、あっせんによる解決に応じる義務もありません。

通常は、あっせん委員が労使の意見を聞きます。解雇の場合は職場復帰を会社が認めるか、認めないのであれば金銭解決に応じるか、金銭解決に応じるのであれば金額をどうするかを、あっせん委員が聞き取ります。

労使双方の意見がまとまりそうであれば、場合によってはあっせん委員があっせん案を出して労使が合意できるように話を進めます。

あっせんが不調になった場合、労働組合はそれで終わることなく、引き続き団体交渉を行う場合もありますし、労働審判などの法的手続を選ぶこともあります。不調になってもそれで紛争は終わりではありませんので、その後の労働審判や仮処分におけるコストと負担を考えれば、あっせん段階で会社がある程度譲歩して金銭解決することもあります。

② 労働組合が労働委員会に救済命令申立を行う場合

労働組合員であることを理由に会社が労働組合員を解雇したとして、労働組合が労働委員会に救済命令申立を行う場合があります。労働委員会の不当労働行為救済申立事件の手続きは、第1章（42ページ）で説明したとおりです。

この場合も、元従業員は仮処分手続などを行うことが多く、労働委員会の手続きと裁判所の手続きが並行して進むことになります。

③ 元社員が労働審判を申し立てた場合

労働審判とは、簡単に言えば正式な裁判と調停の中間のような制度です。３回以内の期日で裁判所（労働審判委員会）が、労働者側、会社側の言い分を聞いて、調停（和解）を試みながら、調停が成立しない場合は審判を行うというものです。審判内容に当事者の少なくとも一方が異議を申し立てれば、審判は無効となり自動的に通常訴訟に移行します。これまでの労働裁判は時間と労力がかかり、場合によっては一審だけで１年以上かかることがありましたが、労働審判は３回期日以内に裁判所が一定の結論を出すということで、迅速に解決することができる制度です。

労働審判になると組合員も弁護士に委任し、弁護士が代理人になることが多く、労働組合は側面支援に回ることが多いと思われます。

・会社に解決金支払いを伴う和解を勧めるケースが多い

一方で、会社側の準備期間も短いため、事前準備が十分でない場合は会社側の言い分はまったく通らない場合があります。

解雇といってもいろいろな類型があり事案も異なりますが、日本の解雇規制は非常に厳しく、裁判所は会社側が主張する理由について一定の理解を示すことはあるものの、たいていの場合は会社側の主張する解雇理由では解雇は有効と認めず、解雇が無効であることを前提に和解を勧めます。

和解の金額（解決金）は、事案によりさまざまですが、月給の１～２カ月分で足りることは少なく、多額の金額を解決金として支払うことを前提に、和解を勧めることがほとんどです。外資系企業や役職者であれば月給が高いことが多く、思いがけない多額の金銭を支払って和解することになります。

・訴訟に移行するとさらに負担が大きくなる

調停金額に不満で調停が成立しない場合は、通常訴訟に移行しますが、労働審判の結果が後の通常訴訟で変更されることは少なく、追加の弁護士費用と通常訴訟における負担が増えることになります。ほとんどの労働審判では、会社が不満ながらも後々のコストと負担を考えて、渋々和解に応ずることが多いです。

④　元社員が仮処分を申し立てた場合

労働審判制度が始まる前は、解雇された元社員は解雇を争う訴訟を提起する前に、賃金仮払いの仮処分の申立を行うことが多くありました。労働審判制度が始まる前は、仮処分制度しか短期間に結論が出る制度がなかったため、元社員が職場復帰を強く求める場合も、実は金銭で解決したい場合も、仮処分制度を利用せざるを得なかったのです。

・申立が認められると会社は仮払い賃金を支払わなければならない

通常訴訟は、証人尋問などを行うため審理期間が長く、その間、収入がない元社員は通常訴訟を続けることができなくなります。

そのため、裁判期間中に一定金額の賃金を支払うように裁判所が命ずることができるのが、賃金仮払いの仮処分という制度です。

たとえば、月給30万円の元社員が仮処分命令時から１年間通常訴訟を続けたとすれば、会社は360万円を支払わなければならなくなります。

しかも、元社員は仮払い賃金を消費してしまうため、事実上仮払い賃金は戻ってきません。

現在は、労働審判制度が迅速に調停を成立させる制度であることから、元社員が解決金を受け取り退職したい場合は労働審判制度を申し立てます。したがって、現在賃金仮払いの仮処分を申し立てる場合は、元社員が強く職場復帰を望む場合に当たり、紛争が長期化することが多くあります。

・通常訴訟で解雇が認められなければ二重払いが必要になる

通常の訴訟でも会社が敗訴してしまえば、解雇により働いていない期間の賃金も支払わなければならなくなります。月給30万円の元社員が解雇時から１年６カ月、仮処分命令時から１年間通常訴訟を続けたとすれば、通常訴訟で540万円、仮処分で360万円の合計900万円を、会社は支払わなければならなくなります。仮処分ですでに賃金を支払っているにもかかわらず再び本裁判の判決で賃金を支払うのはおかしいと言えますが、裁判所はいったんは二重払いを認め、その後判決が確定した後、当事者で二重払いしたものを清算することになります（Ｔ社事件、甲府地裁平成21年３月17日判決・労経速2042号）。しかし、一度二重払いをした場合に、元社員が判決確定後返却するかはわかりません。

会社が控訴すれば、なお負担は増え続けます。労働組合が支援し、仮処分手続に至り、会社が仮処分手続に負けてしまえば、元社員の解雇は高くつくことになります。

・絶対に解雇してはいけない

このように、解雇は従業員にとって、ある意味メリットが大きいことから、最近では自ら解雇を望む人が増えています。

だから私は「絶対に解雇してはいけない」とアドバイスしています。

ある運送会社の運転手は、「社長、クビにしてくれよ」とよく言っていました。社長は解雇訴訟で苦しんだ経験があるので「解雇はしませんよ。働いてください」と言います。実は「クビにしてくれ」という時点で、働く気がないのです。だから、「どうぞ働いてください」と言うと、意外とおとなしくなるそうです。

IT 機器販売会社では、社長とある社員が顧客との契約をめぐって激しい口論になりました。この社員は、会社に内緒で販売価格を引き下げていました。社長と社員は罵り合いになり、社員は頭に血が上って退職届を出しました。社長も激怒していて「退職届なんか受け取れない。あいつは絶対に解雇してやる」と言ったそうです。

私はいつものように「解雇したら、会社が莫大な損害を受けることになります」と話して社長に落ち着いてもらい、「退職届を受領しました。退職の申入れを承諾します」という文書を、その日のうちに速達で送るようにアドバイスしました。

社長が受領書を送った翌日、この社員は慌てて退職届撤回願いを提出しました。ですが法的には退職届は受理されており（退職を承諾しており）、撤回できません。

社員は労働組合を通じて文句を言ってきましたが、組合も交渉しても無理だとわかっているので争いませんでした。

解雇問題対応で押さえておくべきポイント

☑ 職場復帰か金銭による解決かを見極める
☑ 多くの場合は団体交渉の段階で解決するほうが望ましい
☑ 訴訟に移行するとさらに負担が大きくなる

３ 解雇撤回

解雇撤回と解決金

少しマニアックな話になりますが、解雇撤回と解決金について述べたいと思います。

解雇を行いながらも、労働組合から解雇撤回を要求され、実際に解雇を撤回することがあります。ところが解雇を撤回しても職場復帰をせず、さまざまなトラブルに発展した挙句、最終的に金銭を支払って解決することがあります。

職場復帰してもらうために解雇を撤回するのと紛争を解決するために金銭を支払うのでは、目的が異なるように思われるかもしれませんが、どちらも解雇をめぐる争いを解決するための手法です。

現行法で認められるのは労働契約上の地位確認の請求のみ

現在、日本の労働法制において裁判所が会社に対し従業員が退職することを前提に解雇の解決金の支払いを判決で命じることはできません。労働審判制度において、労働審判委員会が、会社の解決金支払義務を認め、従業員は会社を合意退職する旨の労働審判を行うことはありますが、これに強制力はなく、当事者の一方もしくは双方が異議の申立てをすれば、効力がなくなってしまいます。

そのため、解雇事案では、従業員は解雇が無効であることを前提として労働契約上の地位の確認を求め（同時に未払賃金の支払い請求をすることが多いです）、会社は解雇が有効であることを前提にして従業員に労働契約上の地位がないことの確認を求めます。

法制度の不存在による解決金の必要性

法的に裁判所が会社に対し解雇の解決金の支払いを判決で命じることはできないのですが、実際には多くの場合に会社が従業員に対し解決金を支払って紛争は終了します。

なぜこのように終わるかと言うと、法的には従業員は解雇が無効であることを前提として労働契約上の地位の確認を求めますが、多くの場合、解雇された従業員は、内心では「自分を解雇するような会社には戻りたくない。早く金銭をもらって次の会社に就職したい」と考えます。会社も、多くの場合「長々と裁判を続けるよりも金銭を支払って早く解決したい」と考えます。

つまり、「会社には戻りたくない。金銭を会社からもらって退職したい」と考える従業員と、「金銭を支払ってでも会社を退職してほしい」と考える会社側は、「金銭を支払って（受け取って）退職する」という点では利害が一致します。

従業員に納得して退職してもらうために、会社は解決金を支払うことになるのです。

解雇撤回が必要となる理由

およそ有効になりようがない解雇、争われたら必ず負けてしまう解雇に関する相談では、代理人弁護士が解雇問題解決のための多額の解決金を要求していることがあります。

このような場合、通常は用いませんが交渉の切り札として解雇の撤回をこちらから伝える場合があります。

なぜこれが切り札になるかと言うと、上述のとおり、日本の労働法では元の職場に戻って働くことを望んでいない場合でも、解雇された労働者は解雇無効を争い職場復帰を求めることでしか法的に正式な請求ができないため、逆に解雇の撤回を会社側が伝えると交渉の展開が変わることがあるのです。

別居した夫婦を元に戻すような話ですが、日本の労働法はあくまでも解雇の金銭解決請求は認めていないため、解雇無効を前提とした職場復帰を求めて従業員としての地位が認められ、会社が「○月○日から職場で働いてください」と伝えても出社せず働かない場合は、（無断もしくは無許可）欠勤扱いとなり賃金は発生しません。加えて、あまりにも合理的な理由のない欠勤が続く場合は解雇が可能となってしまいます。

奇妙な話ですが、現行労働法が頑として解雇の金銭解決を認めないためにこのような方式による交渉が可能になります。

解雇が撤回できないとの法的主張に対してどう対応するべきか

ここで問題になるのは、解雇の撤回は可能か？という問題です。「解雇の意思表示は使用者が従業員に対し一方的に行う労働契約解除の意思表示であってこれを撤回することはできない。」（東京高裁平成21年11月16日決定）と判断した裁判例もあります。

しかし、労働者はあくまでも解雇無効を前提とした職場復帰を求める地位確認請求しかできません。

そこで、会社側は解雇を撤回したという言葉を用いずに「あなたの従業員としての地位を認めます。職場に戻って○月○日から働いてください。新しい仕事は○○です。同日午前○時に出社してください」と通知すればよいのです（次ページ**書式７**参照）。「撤回」という言葉を使うと無用な法律問題に巻き込まれてしまうので、「地位を認める」と端的に伝えれば足ります。

地位確認通知書および出社命令書

○○　殿

○年○月○日、会社は、貴殿に対し、解雇通知をいたしましたが、会社は、貴殿に対し、本日付で雇用契約上の地位があることを認めます。つきましては、以下の就業場所に、令和○年○月○日午前○時に、出社することを命じます。同年○日午前○時に出社したら担当の○○氏に指示を仰いでください。

また、主な労働条件は以下のとおりです。
①雇用期間：○年○月○日から○年○月○日まで
（○年○月○日をもって終了。更新なし）
②業務内容：○○店舗運営に付随する事務作業
③就業場所：○○
④就業時間：○○勤務シフトについては、出社時に応相談。
○年○月○日は午前○時から午後○時までの就労を命じます。
⑤時給　　：○円

詳細な雇用契約内容につきましては、出社時に雇用契約書を取り交わす際に、ご説明いたします。

○年○月○日

○○株式会社
代表取締役　○○○○

解雇撤回後は環境整備に配慮する

解雇を撤回すると、労働組合側から「ハラスメントが行われるような職場環境などを除去するのが先だ」「安心して職場で働けない」などとして就労を拒否されることがあります。

K'sエステート事件（さいたま地裁令和６年４月16日判決）は、「被告は、本件解雇撤回後、早い段階から、原告が「職場復帰環境」を特定して要望すれば、真摯に検討する旨を伝え（前記（２）ケ、コ）、復職後の労働条件（賃金、職務内容、始業時刻）は従前のままであるを告げ（前記（２）カ、キ、ケ）、ハラスメントを行わないことなどを確約し（前記（２）ケ、サ）、懲戒手続については、手続を開始したものの（前記（２）カ、ク）、本件解雇撤回の約10日後以降は手続を当面停止する旨を原告に通知し（前記（２）コ、サ、シ）、本件訴訟係属中には本件解雇撤回前の原告の行為に関し懲戒処分を行わない旨を通知するに至ったこと（前記（２）チ）が認められる。」として、解雇撤回後の被告企業の配慮を認定し、就労をしなかった原告の賃金（バックペイ）請求を認めませんでした。

会社側はハラスメントを行わない、職場環境に配慮するなどと述べて就労を求めることでさらに有利な立場に立つことができます（賃金（バックペイ）請求が認められなくなる）。

解雇撤回の事例

(1)　コロナ禍における内定取消しの撤回

コロナ禍において業績が悪化したある会社がやむを得ないと考え、内定者に対し内定取消通知を送ったところ、しばらくして労組加入通知が会社に届きました。

内容は「御社の内定取消しは違法である。内定契約も雇用契約の一種で日本の厳しい解雇規制が適用される。事前の話し合いなど一切行わないで行われた解雇は無効である。団交の開催を求めるが、コロナ禍で急を要するので、今すぐ解決金として１年分支払え」との要求でした。

会社は経営が苦しく１年分の解決金は支払えないとのことでしたので、私がリスクはあるが解雇撤回を行いつつ交渉するのはどうかと伝えたところ、会社はこれに同意しました。実は社内でかなりの退職者が出てしまい、内定取消しを撤回し出社してもらっても雇用できるので撤回してもよい、と考えたのです。

私から内定取消しの撤回通知と出社命令通知書を送ったところ、労働組合の担当者から連絡があり「実は次の仕事が決まったので出社はできない。１年分は無理だと思うので２カ月分くらいで解決できないか」と提案があり、すぐに合意に至りました。

②　解雇撤回により退職に

ある製造業の会社で営業担当者を解雇したところ、労働組合に加入し団体交渉を求めてきました。解雇理由は勤務態度不良ではありましたが、協調性がないなどの曖昧な理由であったため、訴訟となれば解雇無効となる可能性が濃厚でした。

会社は初回の団体交渉までに解雇を撤回する決断を下し、初回の団体交渉において労働組合と元営業担当者に通知しました。そして、元営業担当者には新規営業拠点に配置転換することを伝えました。

新規営業拠点は北海道で、元々営業拠点はあったものの担当者の退職により閉鎖となっていたため、新たに営業所を開設し、北海道での営業担当者を常駐させることにしたのです。会社は全国に拠点があり、営業担当者が転勤することはしばしばありました。

これに猛烈に反発したのは、労働組合員である元営業担当者です。「これはパワハラだ」「嫌がらせだ」などと興奮してまくし立ててきました。労働組合の担当者は苦虫をかみつぶしたような表情で淡々と対応しました。

会社は、何回かの団体交渉を通じて、手当の金額、社宅や新しい営業拠点を借りたこと、社用車を準備したことなどを伝え、赴任日を特定し改めて配置転換を命じました。

ところが、赴任日当日の始業時刻直前に営業担当者は有給休暇を申請し、２週間にわたり有給休暇を取得しました。その後突然退職し、団体交渉は二度と開かれずに紛争は自然消滅しました。

注意点（リスクもある）

とは言え、解雇撤回にはリスクもあります。

解雇を撤回すると、当然ながら会社に戻ってきて働く事例もありました。職場の雰囲気も悪くなります。ただし、ほとんどの事例では戻ってきた労働者は短期間仕事をするものの、途中から会社に来なくなり退職することが多かったです。

このように、原則として解雇撤回などの方法は使わないに越したことはありませんが、交渉手段の一つとして検討してもよい場合もあるかもしれません。

解雇撤回で押さえておくべきポイント

- ☑ 解雇の有効性をめぐって争いになった場合、労働者には労働契約上の地位確認の請求をするしか手段がない
- ☑ 内心では職場復帰を望んでいない労働者もいるので会社が解雇を撤回すると交渉の展開が変わることがある
- ☑ 解雇を撤回する場合は復帰後の職場環境整備に配慮する

整理解雇

整理解雇は、会社存続を図るための「最終手段」です。逆に言えば、「整理解雇に踏み切る前に、やるべきことがたくさんある」ということになります。この順番を間違えると、トラブルの元になりやすいので、いつ、何をすべきか、しっかりと計画を立てて実行してください。

整理解雇が認められる４つの要件

整理解雇を行うに前にやらなければならないのが、希望退職募集です。大企業の場合、人員削減は希望退職募集で行うことがほとんどですが、中小企業の場合、その手続きをとらず、いきなり整理解雇に踏み切るケースがあります。

整理解雇は企業の業績が悪い時に行われるものですが、一般的に労働者に落ち度はありません。そのため、裁判所は簡単に整理解雇を認めません。

過去の裁判例の蓄積から、整理解雇が認められるには次の４つの要件（要素）を満たさなければならないとされています。

① **人員削減の必要性**
② **解雇回避努力の履行**
③ **被解雇者選定基準の合理性**
④ **労使協議が誠意をもって行われたか**

このうち、②解雇回避努力義務の履行の一つとして、希望退職募集が挙げられます。

退職の方法はいくつかありますが、合意退職は、従業員の退職の意思表示と企業の同意によって成立します。希望退職の募集は、従業員の退職の意思表示を募集する行為（申込みの誘引）なので、従業員は希望退職募集に応じるか否かの自由を有しています。自主的に退職する意思のある人を募るわけですから、解雇を回避し、かつ人員を削減する方法として、とても有効な方法なのです。

希望退職募集の範囲の決め方

募集対象者を一定の範囲に制限することは可能です。希望退職募集は、一般的に通常の退職よりも条件を上積みし、従業員の自発的な退職の意思表示を誘います。たとえば一定年齢以上の従業員や、特定の事業所のみで希望退職募集することもできます。

しかし、こうした制限を設け、組合員が対象者に多く含まれると、組合差別ではないか、不当労働行為ではないかと抗議を受けることがあります。もちろん故意にやっているわけではなく、対象範囲と組合員が事実上重なるだけなので、そのまま実施してもよいでしょう。

ですが会社が一部譲歩することで円滑に進めることができるのであれば、団体交渉の過程で、募集対象者の範囲を広げるのも一つの方法だと思います。

また、事業を行ううえで必要不可欠な人材を退職させたくないため、「会社が承認する者に限る」などの条件を付ける場合があります。

このような条件を付けることは違法ではありません。なぜなら、「会社が承認する者」だけ、希望退職募集の条件で退職することを認めるということだからです。従業員が希望退職募集の条件によらずに、通常の条件で退職する自由を阻むものではないからです。

団体交渉において、労働組合から「会社が承認する者」とはどのような者を指すのかと問われることがありますが、その場合も、会社は個別具体的な人の名前を出す必要はありません。「特定の事業や業務に携わっている者だ」というように、ある程度具体的に特定できる範囲で答えれば問題ありません。

募集人員数はデータをもとに慎重に決める

希望退職を募集する際、人員数を決める必要があります。一概には言えませんが、製造業であれば現在の生産量に見合う人員数、割増退職金の予算規模、会社の資金繰り状況などをもとに決定することになります。

希望退職募集人員数を決定した後、団体交渉を開催することになります。

団体交渉の過程では、希望退職募集人員数を減らすことはできても、増やすのは困難です。そんなことをしたら計画の杜撰さを指摘され、「団体交渉を誠実に行っていない」と言われるでしょう。

ですから希望退職募集人員数を決めかねた場合は、人員数を多めに設定して労働組合、従業員に提案するほうがよいでしょう。

団体交渉の場で、労働組合は募集人員を減らすように求めますが、会社は、「経営が苦しい」などと抽象的な理由を述べるのではなく、財務諸表など示して、人員削減しなければならない理由を説明します。

さらには接待交際費、役員報酬などの経費削減、ゴルフ会員権などの資産売却を行えば、人員削減しなくてもすむという反論が出ますから、きちんと応えられるよう理論武装して臨みます。

リーマン・ショック後は雇用調整助成金の申請要件が緩和されたことから、「希望退職募集しなくとも、雇用調整助成金を申請すれば雇用は維持できる」と労働組合は主張していました。

そのため、雇用調整助成金を申請した場合の、支給時期、支給額をあらかじめ調べたうえで、希望退職募集の募集人員を決めなければなりません。希望退職募集の募集人員数は、希望退職募集が失敗に終わった場合に整理解雇を行う人員数に関係するため、慎重に決める必要があります。

募集期間は最低２週間、最低１カ月前までに労組に提案

募集期間は、労働組合との団体交渉の進展状況によって柔軟に対応します。

団交をいつまでも続けるわけにもいきませんが、十分に話し合わないまま希望退職募集、整理解雇を行うと、整理解雇は無効になります。

団交の進展状況によって、募集開始時期、募集期間の延長を決めた方がよい場合もあります。

希望退職募集の条件にもよりますが、他の従業員の動向を見ながら募集に応じることが多く、家族と相談する時間も必要です。私の経験では、十分な応募者を集めるためには、募集期間は最低２週間は必要です。性急に希望退職を募集しても、会社が希望する応募者数を確保できません。

会社内に組合がある場合は、希望退職募集について団交を行うことになるため、募集開始日の少なくとも１カ月前までには、組合に提案すべきです。

書式８に希望退職募集の文例を掲げています。参考にしてください。

募集人員数に応募者が達しなかった場合

希望退職募集を行った結果、会社が希望する人員数に応募者が達しない場合は、二次募集を行います。

その場合、割増退職金を一次募集時より上積みすることはできません。上積みをしたら、一次募集に応募した従業員は不満に思いますし、応募すべきか迷っている従業員も会社の姿勢に不信感を抱いてしまいます。

ただし、一次募集以前に開いた団交での協議の結果、割増退職金を上げることは問題ありません。

書式8　希望退職募集案内

○年○月○日

○○労働組合
執行委員長　○○○○殿
○○分会
分会長　○○○○殿

○○株式会社
代表取締役　○○○○

希望退職の募集について

当社は、荷主からの出荷量の激減により、毎月大幅な赤字が出ており、経営危機に直面しています（売上対前年１月比45％減）。今後も景気の低迷が続き、荷主からの出荷量が回復する見込みはありません。そのため、新規採用の抑制、管理職などの手当削減、車両減車および売却、その他経費の削減、一時休業（雇用調整助成金の申請）等に努力し、雇用の維持に努めてまいりました。しかしながら成果をあげることができず、このままでは、会社存続が危ぶまれる状況です。

当社では、これまで雇用の確保を最優先してまいりましたが、ことここに至っては、やむなく下記要領により希望退職者の募集を実施することを決定いたしました。従業員各位には厳しい決断を迫ることになりますが、現在の状況下での当社の特別配慮をご勘案のうえ、ご検討いただきますようお願いいたします。

記

1　募集対象者　トラック運送従業員（ただし、会社が承認した従業員のみとする）
2　募集期間　○年○月○日（○）～○月○日（○）
3　募集人員　○○人
4　退職日　○年○月○日付
5　退職条件　退職特別手当　勤続年数は○年○月○日現在とします。
　勤続年数　4年未満　○万円
　勤続年数　4年以上～8年未満　○万円
　勤続年数　8年以上　○万円
6　応募手続　退職を希望する従業員は、所定の退職願を社長に提出してください。
7　その他　在籍する従業員の賃金は、今後は削減する予定です。

以上

希望退職募集を行った結果、募集人員に１～２名足りないということもあります。

わずかに足りない場合で整理解雇を実施した場合、いわゆる整理解雇の４要素のうちの「人員削減の必要性」を裁判所が肯定するかは不明です。

裁判例の中には、「人員削減の必要性」を否定したものもありますので（希望退職人員30名に対し29名が希望退職に応募した事例、九州日誠電気事件、熊本地裁平成14年８月30日決定・労判840号92頁）、慎重な検討が必要です。

希望退職募集中に退職勧奨を行ってもよい

団体交渉での協議がまとまらないうちに希望退職募集に踏み切ると、労働組合の協力が得られず、思うように希望退職が集まらないことが多いでしょう。

このような場合、次の手段として、会社が個別に従業員と面談し、退職勧奨を行うことがあります。

このとき組合は、組合員には退職勧奨の面接に応じないよう指示し、会社には退職勧奨を行わないように要請します。

しかし、退職勧奨は、その名のとおり雇用契約の合意解約の申し出、または辞職の意思表示を促す行為に過ぎません。希望退職募集中であっても、業務時間内に面接の機会を設け、退職勧奨を行うことは違法ではありません。

もっとも、面接の機会を設けても希望退職募集に応じないという本人の意思が固ければ、それ以上退職勧奨を行っても翻意させることは困難なので、それ以上の退職勧奨を行うべきではありません。

整理解雇を行った後の団体交渉

整理解雇を行った後、労働組合に従業員が加入して団交を行う場合と、整理解雇を行う前から従業員が労働組合に加入し、団交を行う場合があります。

いずれの場合も、会社は組合と団交を行わなければなりません。その場合、会社側は解雇された従業員が職場復帰を強く望むかどうかを確認する必要があります。

解雇された従業員が職場復帰を強く望み、会社が従業員の職場復帰を認めない場合は、団交を行っても話合いはまとまらず、いずれ労働審判か仮処分手続に進むことになります。紛争が長期化することを覚悟しなければなりません。

整理解雇問題対応で押さえておくべきポイント

☑ 順番を間違えると、トラブルの元になりやすい
☑ 社内労組がある場合、募集開始日の少なくとも1カ月前までには、組合に提案する
☑ 団体交渉では、財務諸表など示して、人員削減しなければならない理由を説明する
☑ 資産売却や助成金受給による人員削減回避の可能性をシミュレーションしておく
☑ 募集期間は、団交の進展状況によって柔軟に設定する

ハラスメント問題

パワーハラスメント

パワハラ上司は自覚がない

労働施策の総合的な推進並びに労働者の雇用の安定及び職業生活の充実等に関する法律（以下、「労働施策総合推進法」という）第30条の２第１項は、事業主に対してパワハラに対する措置義務を定めています。

職場のパワハラとは、

①　職場において行われる優越的な関係を背景とした言動であって
②　業務上必要かつ相当な範囲を超えたものにより
③　その雇用する労働者の就業環境が害される行為

を指します（労働施策総合推進法第30条の２第１項）。

上司から部下に行われるものだけでなく、先輩・後輩間または同僚間、さらには部下から上司に対してさまざまな優位性を背景に行われるものも含まれます。

多くの場合、パワハラは加害者に自覚症状がありません。

ある会社の上司は、部下をメールで罵倒するなどの悪質な行為を常習的に行っていました。これまでに４人の部下がうつ病になって会社を辞めていました。そこで会社はこの人にパワハラ講習を受けさせましたが、セミナー後のアンケート見ると、「話を聞いて自分がパワハラをやってないことがわかり安心した」と書いていました。そのくらいパワハラは自覚がありません。

しかし、人がいなくなると会社は回りません。社員を辞めさせるパワハラ上司に会社を辞めてもらうのが得策です。本当はパワハラ体質を変えられるとよいですが、数十年間のマネジメントスタイルを変えるのは難しいでしょう。

① パワハラとメンタルヘルス

近年、パワハラが原因でうつ病などになったとして労災を申請するケースが増えています。「パワハラによる業務上災害であることを認めよ」というものです。精神疾患の見極めは現在の医学では難しく、労災認定されれば解雇できない、安全配慮義務違反の損害賠償請求を起こされるなど、負の連鎖が始まりますので、なんとしても労災認定を防ぐ必要があります。

② パワハラを議題とした団交

団交では労組に、加害者がいつ、どこで、何をしたかを特定してもらい、その情報をもとに会社が評価検討します。労組から「加害者を団交に呼べ」と言われることがありますが、呼ぶべきではありません。加害者は、会社と利害が対立する可能性があります。前述のとおり、加害者はパワハラの自覚がないので否認することが圧倒的に多く、話合いに支障をきたします。加害者は長年無意識のうちにパワハラ行為を行ってきたわけで、当たり前のことだからです。自覚がないので争われる確率も非常に高いです。

組合から加害者の解雇を求められることもありますが、解雇が認められるのは、配転拒否、職場での窃盗横領、重度のセクハラ、勤怠不良などに限られます。パワハラでは簡単には認められません。人格を誹謗中傷する、暴力行為を行う、大勢の前で罵倒するなどをしなければ裁判所は認定しません。

③ 訴えられた側が逆に訴える側に回ることもある

加害者にはパワハラの自覚がありませんが、部下全員から血判状のようなメールが内部通報室に届くと会社としては放置できず、その上司をラインから外すこととなります。

すると、新たな問題が起こり得ます。加害者がうつ病になり、会社を訴える側になる事例も多いのです。

このとき事態は逆転する可能性があります。加害者、被害者という単純な構造ではなく、加害者が後にうつ病になってしまうなど面倒な事案が多いのがパワハラの特徴です。

セクシュアルハラスメント

①　セクハラを議題とした団交

セクハラとパワハラは同じハラスメントですが、両者には違いがあります。パワハラは業務の延長上にありますが、セクハラは業務の延長上にはありません。卑猥なことを言う、体を触るなどは業務と関係ありません。

セクハラを議題とした団交は会社にとって厳しいものとなることが多いです。ですが、今後は増加するでしょう。現在、セクハラを受けながら我慢している人はとても多いとされています。今後、上場企業を中心に女性の管理職の割合が増えますから、セクハラに関する相談がしやすくなり、訴えも多くなります。

セクハラもパワハラ同様、加害者の自覚症状は希薄です。「自分の猥談がうけている」「相手も望んでいる」などという感覚の加害者もいます。団交では組合から激しく罵倒されますが、仕事と割り切り逃げないことです。

②　会社がとるべき解決方法

組合は加害社員の解雇を要求します。しかし、安易に要求に応じてはいけません。なぜならその次に会社への責任追及が待っているからです。

スムーズな解決方法は、加害者にある程度の地位があれば「あなたのセクハラで会社が大変だ」と伝え、弁護士を紹介して示談させます。示談が成立すれば民法715条の使用者責任は免責されます。ただし、環境配慮義務違反の問題は残りますから注意しましょう。

セクハラで会社が懲戒処分を行った後の社内公表は、簡潔に事案と処罰を公表するのに留めます。目的は再発防止のための周知です。氏名の公表はプライバシー侵害となる可能性があります。

労組・ユニオンの「炎上案件化戦略」問題

ハラスメント問題において労組・ユニオンが関わる場合、SNSやブログに音声や動画がアップされることで一気に問題が拡散し、問題とは無関係の一般の人から会社への非難の目が向けられ、炎上してしまうという特徴があります。私は、これを「労組の炎上案件化戦略」と呼んでいます。

炎上案件とは、マスコミやSNS等により報道され拡散し、さまざまな人からの批判にさらされ、それによって企業等の事業運営に支障が生じるような案件のことです。

特に、労組については、幹部の高齢化が進んでいることから、昔のような大人数でのデモや抗議活動が難しくなっており、いわば1点突破型の抗議活動としてSNS等を利用し炎上させるというような活動が多くなっています。

パワハラ防止措置の義務化により、今後さらにトラブルが増えることが考えられるため、この「炎上案件化」を理解しておく必要があります。

①　各種ハラスメントの中で炎上案件にはパワハラが多い

では、どのような案件が炎上するのでしょうか。未払い残業代問題や解雇案件は炎上しやすいと思われるかもしれません。

しかし、私の分析によれば、未払い残業代請求や解雇案件はさほど炎上することはありません。最も炎上しやすいのは、ハラスメント、特に、パワハラです。

パワハラ案件では、録音データ等がそのままSNSや動画共有サイトで拡散することが多いです。録音データには、上司や経営者の罵声とも言うべきパワハラ指導の音声が収録されています。音声は人の感情を刺激しやすく、聞いた人の怒りや憎しみ等の感情を発生させやすいといわれています。そのため、炎上案件ではパワハラ案件が多いのです。

②　SNSからネットニュース、新聞、テレビ報道に発展することもあり得る

SNSでパワハラ録音が流されると、ネットニュースどころか、新聞、テレビ報道に発展することもありえます。現在の新聞、テレビ報道は、ネットから取材対象を探すことが一般化しており、ネットの情報拡散は侮れません。まして、SNSは読み手の反応が数字になって表れることから、記事にしても一定の反応があることがわかるため、記事にしやすいのです。SNSでの情報拡散が全国ニュースになったり、新聞報道の対象になったりすることは、今や珍しいことではありません。

そのため、一部の労組は、SNSでの情報発信に熱心に取り組んでいます。

③　反論コメントで火に油を注いではいけない

従来型のブログやホームページと異なり、SNSは自分が気に入った記事を他人と共有したり、転送したりすることが容易です。この共有機能や転送機能により、世界中でSNSが流行しています。昔であれば、ニュースの解説をするのはテレビやラジオの評論家や新聞の解説委員などだけであったと思いますが、SNSはある特定のニュースに対して、気軽に自分の意見や感情を書き込み転送することができますので、現在は新しい「1億総評論家社会」であると言えます。そのため、批判が至るところで巻き起こることになります。

SNSでパワハラ録音が流された場合、会社が反論コメントをアップしたりすると、火に油を注ぐだけでなく、問題の解決が困難になってしまうおそれがあります。場合によっては、代表取締役が謝罪をしたり、上場会社であれば、株価が下落したりするような事態にまで至ることがあります。しかしながら、労組・ユニオンの戦略に気づかず問題を深刻化させているケースが少なくありません。

許可なく録音等されたデータを拡散する行為への対応

① 秘密録音と盗聴の違い

「秘密録音（無断録音）」とは、会話の当事者の一方が、他方の当事者に無断で、会話等の音声を録音することです。一方、「盗聴」とは、他人の会話などを盗み聞きしたり、録音したりすることです。いずれも似た言葉ですが、秘密録音は会話の相手が無断録音するのに対して、盗聴の場合は、会話の当事者以外の第三者が盗み聞きをしたり、録音したりする点で異なります。

② 秘密録音でも証拠能力が肯定されることが多い

従前の裁判例で有名なのは、無断録音テープの証拠能力（裁判で証拠として提出できる資格があるか）が問題とされた東京高裁昭和52年７月15日判決です。同判決は、「その証拠が、著しく反社会的な手段を用いて人の精神的肉体的自由を拘束する等の人格権侵害を伴う方法によって採集されたものであるときは、それ自体違法の評価を受け、その証拠能力を否定されてもやむを得ない」と述べています。

つまり、「著しく反社会的な手段を用いて人の精神的肉体的自由を拘束する等の人格権侵害を伴う方法によって採集されたもの」でなければ、証拠能力が肯定されることになります。

この事件では、相手方である会社の人事課長を銀座の料亭に招いて接待しながら、自分にとって有利な供述を得られるよう誘導的な質問を行い、その会話の音声を、襖を隔てた隣の部屋で無断録音したことが問題となりました。判決は相手方の発言を単に無断で録音したものであるにとどまり、同人らの人格権を著しく反社会的な手段方法で侵害したものということはできないとして、結論としてはその証拠能力を肯定しています。

③　例外的に証拠能力が認められないこともあり得る

東京高裁平成28年5月19日判決では、例外的に録音の証拠能力を認めませんでした。本件は、大学の事務職員である一審原告が、所属する部署の上司からパワハラおよびセクハラを受けたとして、同大学のハラスメント防止委員会に対して申立を行ったところ、ハラスメント防止委員会の審議において同委員会の委員が控訴人を侮辱し、かつ名誉を毀損する発言をしたことにより控訴人の人格権が侵害された、と主張して、学校法人に対し、同委員会の委員の不法行為に係る使用者責任に基づき損害賠償を請求した事案です。このなかで争点になったのは、何者かによって録音されたハラスメント防止委員会の録音データの証拠能力でした。

この事件では、(I)非公開であるにもかかわらず無断で録音し、その無断録音に一審原告がかかわった可能性が高いこと、(II)委員会が扱う内容は非常にセンシティブなものであり、自由に討論ができ、秘密が守られる環境を保護する必要があったところ、無断録音の違法性の程度は極めて高いこと、を主な理由として、本件録音体の取得自体に控訴人が関与している場合はいうまでもなく、また、関与していない場合であっても、本件録音データは証拠能力を欠くと判断しました。

そのため、非公開の場でこっそり録音機等を会議室に置いて、無断で録音をしたような場合は、無断録音行為自体が違法であり、証拠能力も否定されることがあります。

④　許可なく録音等されたデータが提出された場合の対応

このような盗聴もしくは盗聴が疑われる行為により取得した録音データを労組が提出してきた場合は、労組に対して録音行為自体が違法であること、録音データに証拠能力がないことを強く主張をして、撤回することを求めるべきです。

⑤　録音禁止にはできないのか

いわゆるマタハラの事案ですが、語学学校等を運営する会社側が高裁で逆転勝訴した事案があります。このなかでは、執務室内での録音禁止の業務命令の適法性が争われました（東京高裁令和元年11月28日判決（高裁判決後、一審原告が最高裁に上告））。

裁判所は以下のとおりに判断し、録音禁止命令の適法性を認めました。そのため、録音禁止命令に違反して録音をしたことが、雇止め有効の理由の一つになったのです。

業務命令に違反して録音をした場合は、懲戒処分等を行うことが可能になり、不必要な録音を一定範囲で禁止することには合理性があります。

> 執務室内の会話を無断で録音することは、一審被告のコーチングといった業務上のノウハウ、アイディアや情報等が漏洩するおそれがあるほか、スタッフが少人数であり、執務室も限られたスペースであること（原審における一審被告代表者本人尋問の結果）から、コーチ同士の自由な意見交換等の妨げになり、職場環境の悪化につながる一方で、執務室内の会話をあえて秘密録音する必要性もないから、一審被告において、一般的に執務室内の録音を禁止し、従業員に対して個別に録音の禁止を命じることは、業務管理として合理性がないとはいえず、許容されるものと解される。

労組・ユニオンが関わるパワハラ案件対応上の留意点

①　録音データの「後出し」は常套手段

パワハラ加害者は、自分の発言を覚えていない、もしくは隠そうとしていることが多く、「自分はパワハラなんかやっていない」と発言していたとしても、それを真に受けないほうがよいでしょう。

なぜなら、筆者の経験上、そのような事案で後からパワハラ加害者と言われている人の録音データを聞き、驚愕することが多かったからです。そのため、録音データが出されるまでは、「もしかしたらパワハラ録音があるのではないか」と疑って、慎重に発言をしたほうがよい場合が多いと思います。

②　録音内容は聞いてみないとわからない

「聞いてみないとわからない」のは当たり前ですが、労組が関与するパワハラ事案では、毎回このことを実感しています。ヒアリングをしてみると、問題となっている管理職の方は礼儀正しく、会社の経営方針や経営者に忠実で、ひどいパワハラ行為をするような人には見えません。

ところが、音声を聞いてみると、別人のように部下を怒鳴りつけている声が聞こえるのです。そのため、ヒアリング結果は当てにならないことが多く、「録音は聞いてみないとわからない」のです。

③　パワハラ問題は点ではなく線で反論する

労組は、パワハラ問題については、点で攻めてきます。つまり、「このようなひどい発言はパワハラだ」「このような発言をして、部長の資格がない」「部下を何だと思っているのだ」などとパワハラ発言を軸に、会社にパワハラを訴えてきます。

会社は、これに対して、線で防御していきます。発言自体は否定できませんが、発言に至る経緯については、会社も主張すべき点がある場合が多いのです。

ある団体交渉で、営業部長のパワハラ発言が問題になりました。パワハラ発言自体はおそらく録音されているような雰囲気があり、それを否定することは難しいような事例でした。ところが、会社側が団体交渉には出席しない営業部長から事前にヒアリングをしたところ、「たしかに私も行き過ぎた点はありましたが、彼には問題行動が多かったのです。実は会社には言っていないことが多々あります。顧客先の担当の女性にセクハラまがいの発言をしたり、しつこく付きまとったりしていて、私に苦情が何度も来ています。また、顧客との約束も忘れたり、重要な約束に遅刻したりしていて、私がこれまで何度も謝ってきました。そのような経緯もあり、彼には厳しく接せざるを得ませんでした」という内容を訴えました。そこで、その内容を団体交渉で労組に伝えてみると、労組もこの事実は知らなかったようで、大分口調もトーンダウンをして、炎上案件化することはありませんでした。

④　謝るべきときは謝る

謝るべきときは謝ることも必要です。明らかに行き過ぎた指導、侮辱・名誉棄損に当たるような発言、脅迫に当たるような発言が録音されている場合は、謝ることも必要です。

多くの炎上案件は、実は、１度目の失敗ではなく、２度目の失敗で炎上が拡大することが多いです。つまり、１度目の失敗（ここではパワハラ発言そのもの）で炎上はするのですが、拡大するのは、そのパワハラ発言がなかった、もしくはパワハラには当たらないと言い逃れをしたときです。その対応に反発して炎上が拡大するのです。

たしかに、パワハラ発言は民法上の不法行為に当たり、慰謝料が発生する場合がありますが、それは謝罪をしなくても発生するものであり、謝罪をしたからと言って、慰謝料が加算されるわけではありません。録音データがあるような場合は、その失敗をリカバリーするのではなく、素直に過ちを認めて謝罪をするほうが、事案の解決には非常に効果的です。労組も謝罪をされると、拍子抜けをすることも多く、追及の勢いが収まる場合があります。逆に、不自然な言い逃れや弁解を続ければ続けるほど、労組の追及は激しくなり、ますます炎上する結果となります。労組は、会社の弁解をSNSにアップすることがあり、そのことでさらなる炎上を招くこともあります。

⑤　二次パワハラが起きないように気をつける

パワハラ発言をもとに、「○○部長は管理職としてふさわしくない」などと攻撃を受けることがあります。これを聞いた当該管理職が、パワハラ被害を告発した組合員を呼び出して、威迫行為に出る場合があります。このような行為を、「二次パワハラ」といいます。

このような二次パワハラが起きないように、当該管理職には威迫行為等を行わないように伝える必要があります。

⑥　積極的な反論・情報発信はしない

炎上案件（特にパワハラ案件）では、しばしば経営者が「これではやられっぱなしではないか」「逆に訴訟を起こしたい」などと訴えることがあります。

気持ちはよくわかりますが、これは裏目に出ることがほとんどです。ホームページ等に会社の見解を載せると、逆にそれをSNSで引用され、批判攻撃を受けて炎上することがままあります。

このような場合は、じっと我慢をして、嵐が過ぎるのを耐えるのが無難です。炎上案件というのは不思議なもので、一度静まってしまえば、再びそれを燃焼させ続けることは難しくなります。燃やし続けるには燃料が必要であり、炎上案件では会社側の反論や弁解がこれに当たります。燃料がなければいずれ鎮火します。しかし、言うのは簡単ですが、これを実行するのは難しく、中小企業のみならず大企業でも、この対応で失敗しています。

⑦　マスコミ対応はどうすればよいか

炎上案件では、会社がマスコミから取材を受けることがあります。このような取材は前触れもなく突然来て、FAXで「このような報道をする予定だが、言い分があれば、今日の午後10時までにFAXで送るように」と伝えてきます。非常に時間が短く、十分な反論をする時間はありません。もともと会社の言い分を公平に伝えようとする気持ちはないような印象を受ける場合がほとんどです。

そのため、このような場合は「現在、解決をするべく団体交渉を行っているところであり、当社からコメントをすることはありません」と回答しておくのが無難です。

⑧　誹謗中傷に当たる書込みはチェックしておき、毅然とした対応をとる

労組も、インターネットやSNSへの書込みや発言の内容には気をつけており、名誉棄損や侮辱に当たらないようにチェックしていることが多いです。

ところが、一部の組合員や関係者が、経営者を誹謗中傷したり、名誉棄損を行ったりすることがあります。匿名の掲示板やブログ等への書込みであっても、会社からすれば、誰が書いたかは大体予想をすることができます。

このような書込みについては削除を求め、場合によっては発信者情報開示等により、書込みをした人間を特定し、名誉棄損等で慰謝料請求をすることが考えられます。非常に手間はかかるのですが、労組にとっては厄介な問題となります。

なぜなら、労組活動においては、人の権利を侵害することについては当然気を配りながら活動しているためです。そのため、得られる慰謝料金額が少額であっても、誹謗中傷、名誉棄損については、毅然とした対応をとることが得策です。

労組に速やかに削除させたい場合は、抗議をして削除を求めること

があります。労組からは「我々は関与していない」と反論されても、いつの間にか書き込みが消えていることがあります。一方、労組に話をせず、いわば内密に発信者情報開示をプロバイダ等に求めることもあります。

書込みが労組関係者のものであるということの証拠が手に入れば、訴訟等を提起することができます。書込みの内容がひどいものであるほど、この方法は有効です。話合いをするとしても、訴訟手続内で話合いをすることができ、裁判官を巻き込んだうえでさまざまな解決を図ることができます。場合によっては、炎上案件を一気に解決することも可能です。

ハラスメント問題対応で押さえておくべきポイント

☑ パワハラ加害者への対応いかんでは会社を訴える側になる可能性がある
☑ 労組・ユニオンがSNS等を通じて炎上案件化を図っても積極的な反論はしない
☑ 録音データ等が存在する可能性を念頭に入れた慎重な発言が必要
☑ 誹謗中傷や名誉棄損には毅然とした対応をとる

⑥ メンタルヘルス・休職問題

最近、メンタルヘルス不全を理由とする勤怠不良・休職問題が団体交渉の議題になることが増えました。

また、業務上の指導を厳しく行ったケースで、厳しい指導がパワハラに当たると主張し、うつ病になるケースもありました。

ここでは、休職を命じる前と後を分けて説明します。

休職を命じる前に団体交渉を行った場合

休職を命じる前に団体交渉を開催することは割合としては少ないですが、すでに社内に労働組合がある場合、団体交渉の議題になることがあります。

① 診断書を提出させる

従業員が欠勤を続けている場合は、診断書を提出させます。これにより、どこの医師にかかっているのか、どのような体調なのかがある程度わかります。

事前に診断書を提出してもらえれば、後に復職する場合に再度診断書を提出してもらう際、診断書の記載がどのように変わったのか、確認することができます。

診断書には「自律神経失調症」「抑うつ状態」など曖昧な記載がされていて、これだけでは体調が判断できないことがあります。そのような場合、主治医に面談することも可能ですし、実際行うべきです。主治医との面談については後述します。

②　安易に労災であることを認めない、安易に事業主証明も行わない

組合が、「組合員がうつ病になったのは会社業務が原因である、労災申請を行ってほしい。事業主証明を行ってほしい」と主張することがあります。休職命令自体が組合との間で問題になるのは、多くの場合メンタルヘルス不全が会社の業務によるものであると組合が主張する場合です。

たしかに、労災が認められれば、労災保険から保険給付が支払われます。本人のためには良いことかもしれません。

しかし労災保険は、逸失利益の一部しか補償しません。会社に過失が認められれば（会社の過失割合が10割であるとして）、残りを会社が負担しなければなりません。

また、労災保険は慰謝料については一切補償しません。補償されない部分については民事訴訟を起こされる可能性があります。特に、重度のうつ病の場合は、職場復帰まで時間がかかり、場合によっては職場復帰ができないことがあります。

通常の労災事故（骨折などの外傷を伴うもの）と異なりメンタルヘルス不全による疾患は発症原因が不明であることが多く、会社の業務が原因であるかどうかはわかりません。

安易に会社の責任を認めてしまうと、会社に多大な負担がかかることになります。

とはいえ、組合との交渉は粘り強く行う必要があり、これまでの労働時間がどの程度であったのか、どのような仕事を行っていたのかなどを踏まえて協議する必要がありますが、安易に会社の責任を認めないように気をつけて対応する必要があります。

③　労働組合に対する通知を忘れない

休職問題が団体交渉の議題になった場合、今後は休職期間の延長や医師の面談などについては、本人にはもちろん、組合にも同時に通知する必要があります。そうでないと「組合無視」「支配介入だ」と言

われかねません。さらに組合が協議を求めてくれば、団体交渉に応じる必要があります。

④　労災についての会社の意見書を提出する

組合があくまでも労災申請を行うと主張するのであれば、会社側も言い分を意見書（**書式9**）としてまとめ、労働基準監督署に提出する必要があります。

労働基準監督署も会社にヒアリングを行い、場合によっては調書を作成しますが、その場で会社の言い分がうまく伝わるとは限りません。

そこで事前に意見書をまとめてから、労働基準監督署に出向くのがよいでしょう。ポイントは、労働時間、業務内容、本人の言動、これまでの勤怠状況などを具体的に記載することです。

⑤　産業医を矢面に立たせない

団交の際、会社が産業医の見解を主張することがありますが、産業医にそうした役割を負わせてはいけません。あくまでも判断材料の一つと考えるべきです。産業医を矢面に立たせたために、途中で辞任したケースが数多くあります。組合が徹底的に産業医を攻撃したために、心身ともにまいってしまいました。

従業員が復職を求め、団体交渉を開催した場合

従業員が休職中に復職を求め、復職の可否について団交が開催されることがあります。その際の対応は、以下のとおりです。

①　主治医との面談を求める

復職を求められたら、まず診断書を提出してもらいます。診断書には「就労可能」「軽作業であれば就労可能」などと記載されている場合が多いです。

書式９　労災申請に関する意見書

○年○月○日

○○労働基準監督署御中

○○株式会社
代表取締役　○○○○

○○氏の労災申請に関する意見書

○○氏の不就労や疾病に業務上起因がないことを、下記のとおりご説明いたします。

記

１　○○氏の業務内容と業務負荷について

○○○○○

２　○○氏の労働時間について

別紙資料○○出勤簿（掲載省略）のとおり、○年○月から○年○月まで、○○氏の残業時間はわずかで、ほぼ所定労働時間勤務していた。また、年次有給休暇も取得していた。

３　○氏の業務上の心理的負荷について

(1)　人事異動

○○○○○

(2)　人事総務部が行った調査

○○○○○

(3)　○○氏の職場環境について

○○○○○

(4)　その他の考慮点

○○○○○

４　○氏の言動の不安定性について

○○○○○

５　結論

以上のとおり、○○氏の業務担当負荷、労働時間、業務上の心理的負荷、言動の不安定性を考慮すると、○○氏の休務および病気は、○○氏の個人的資質によるものであり、業務上起因ではないことは明白である。よって、当社は、○○氏の労災申請に対し事業主証明をしないこととした。

６　添付資料

『○○氏関連　主要出来事に関する時系列整理』

以　上

従業員が診断書を提出した場合は、会社は診断書を記載した主治医に面談を求めます。診断書の記載だけでは、就労可能であるかわからないからです。

主治医面談を行わずに本人の意思に反して解雇、退職扱いにすれば無効となる可能性が高いです。逆に主治医面談を労働者側が拒めば、診断書の信用性に疑問符が付くことになります。

主治医面談は、患者が同席すればできます。

② 面談で主治医に質問すること

主治医は、業務内容を理解しているとは限りません。従業員が従事している業務内容を理解したうえで「就労可能」と判断しているのかを確認します。

さらに、就労するうえで会社は何に気をつけたらよいのか、従業員に何をさせてはいけないのかを確認します。

そのほか主治医に対する説明・質問事項には、以下のようなものがあります。聞き漏らすことのないよう、面談の際にはメモを持参しましょう。

- いつから通院しているか
- 通院頻度はどの程度か
- 現在どのような薬を処方しているか（本人の体調がわかる）
- 会社の業務内容・本人が担当していた業務内容の説明
- 診断書に記載のある条件付きの就労可能との意見について、具体的にその内容を質問する（「軽作業なら就労可能」の「軽作業」とは何か、など）
- 残業は可能か
- 従業員に行わせてはならないことは何か
- 会社が配慮するべきことは何か（具体的に）

これらのうち、処方されている薬を確認するのは、とても有効だと思います。主治医が「治っている」「就労可能だ」と言った場合、それを覆すのは容易なことではありません。主治医は病気を治すのが仕事なので、働けないという診断書は書きたくないという心理もあるでしょう。

IT 企業の SE だった従業員の話です。うつ病で１年間休職していましたが、「職場復帰可能」という診断結果を持ってきました。面談してみると手が小刻みに震え、受け応えもスムーズではありませんでした。

本人に確認しても「絶対に大丈夫なので、元の SE に戻してほしい」の一点張りです。

主治医と面談しましたが、「元の仕事に戻しても大丈夫です」という言葉は出てきません。「なるべく負担を軽くしてあげてください」と言うだけでした。「今飲んでいる薬はどのくらいありますか」と聞くと、毎日十種類も飲んでおり、そのなかには副作用で眠くなる薬、精神が不安定になる薬も含まれていました。

それでも本人の意思を尊重し、SE に戻しましたが、上司に注意された日を境に「おなかが痛い」「頭が痛い」と欠勤するようになり、再び休職せざるを得なくなりました。

③　主治医面談は医師の責任追及の場ではない

かつては主治医に対し、弁護士や社会保険労務士が「この内容で責任が取れるのか」などと迫ったために、医師の協力が得られないケースがありました。そうではなく「どうしてこういう見解が出たのか教えてほしい」という態度で面談すると、協力が得られます。生きた情報は、フェイス・トゥー・フェイスで得られます。

たとえば、メンタル疾患に罹ったＡさんは、復職に際し「通勤が30分以上かかる場所への異動は禁止」という主治医の診断書を提出し、顧問弁護士もそれを了承したため休職前と異なる職場に復帰することとなりました。

ところがその後、同僚２人もうつ病になったためＡさんの異動が必要になり、主治医に意見を聴く必要が出ました。この際、主治医に対し、弁護士や社労士が正面から交渉するのは得策ではありません。企業の担当者が「ちょっと質問したいことがあります。従業員のAさんと一緒に行っていいですか」と聞きます。

そして、面談の場では「診断書を読んでわからなかったのですが、30分以上の通勤不可というのは、先生のお考えですか」、「根拠は何ですか」、「医学的にどういう理由でこういう結論になったのですか」などと聞きました。

医師の現実と良心の狭間で苦しんでいたようでした。本人をちらっと見て、「Aさんがそう言ったので書きました」と言いました。医学的所見ではなく本人が言ったことを書いたのです。これで面談終了です。

面談内容を聞いた産業医は「合理的な根拠に基づく診断ではない」、「時差通勤を認め、通勤時間が1時間以内の職場であればよい」と判断しました。

④　組合の主治医面談同席は認めない

原則として主治医面談に組合の同席は認めません。しかし、組合がどうしても同席を求めるのであればやむをえません。

組合が産業医面談に同席を求めた場合、会社も同席します。産業医は本音では組合が関与している案件はやりたくない場合もあり、会社としてサポートをする必要があります。

⑤　主治医との面談を拒否されたら？

従業員や組合が、会社と主治医との面談を拒否することもあります。この場合、会社は主治医と面談できません。従業員や労働組合が了承しても、主治医が面談を拒否するケースもあります。

そういう場合は主治医が作成した診断書の記載について、内容を確認できなかったという理由で、復職の判断の際、診断書の記載を判断根拠とできない旨を通知します。会社が指定した別の医師に改めて診断してもらうこともあります。

試し勤務による復職プロセス

①　復職問題と労働組合

復職を求める従業員が労働組合に加入し団体交渉を行う場合、労働組合側は主治医の書いた復職可能である旨の診断書などを根拠に「復職させなさい」と要求し、会社は時期尚早ではないかとして「復職を認めない」と回答し、主張が対立することがあります。

②　論より証拠　現実を示して解決する

素人目に見ても就労にはかなり厳しい体調であるのに主治医は就労可能と判断するケースや、主治医面談を行ったり会社側が専門医に診断を依頼したりしても医師の診断をもとに会社側の主張を裏付けることが難しいケースなど、メンタルヘルス問題は不可解で、理解に苦しむ場合も多いです。

もっとも、主治医の診断の信用性がないと根拠もなく切り捨てるのは難しいです。主治医は医師として診察をしており、本人の健康情報を知ったうえで診察しています。これは虚偽だとか信用できないなどと抽象的に否定しても、認められることはありません。

では専門医はどうかと言うと、そもそも紛争になっている事案で専門医を探すのは非常に難しいです。多くの医師は紛争になっている事案に関わろうとしませんし、訴訟になってから探すのはもっと難しいです。どうしても専門医が見つからず、病院に事情を話し、一般の診察として会社同席で診察を受ける、という形で意見を聞くこともあります。

結局、就労可能か否かはある程度働いてもらわないとわからない、となります。

ですから、実際に仕事をしてもらって就労可能かどうかを判断すればよいのです。

そこで、試し勤務による復職プロセスを試みます。試し勤務の期間を通じて欠勤をしがちで体調不良を訴えている場合は、主治医が就労可能と診断したとしても、具体的事実の前に主治医診断の信用性は否定されます。

試し勤務での様子、勤怠をもとに現実を示すことで話し合いのきっかけをつくることができ、労働組合も本人も納得して解決することが増えています。たとえば、実際に当日職場に来るのは半数以下、残りの半数も半分以上が毎日通勤できないとなれば、自然と退職勧奨の話に向かいます。毎日通勤できたとしても、仕事量が極端に少ないか休憩が多ければ職場復帰可能な状態からは遠い、となります。

試し出勤制度とは？

試し出勤には、多種多様な形態があります。厚生労働省の『改訂・心の健康問題により休業した労働者の職場復帰支援の手引き』では、模擬出勤、通勤訓練、試し出勤がその例として挙げられています。

狭義の試し出勤制度とは、仕事の内容や勤務時間帯を徐々に広めながら、従業員に実際に職場で働いてもらう方法です。

試し勤務の内容

①　休職期間内に実施する

試し勤務は、休職期間内に行う必要があります。あくまで復職可能であるか否かを判定するために行うからです。復職後に試し勤務を行い復職できる体力がないと判断したとしても、再度休職に入れる必要がある場合もあるため、お勧めできません。

就業規則に休職期間の通算規定がある場合は、通算規定を用いて再度休職に入れることができますが、シンプルに休職期間内に試し勤務

● 試し出勤制度 ●

正式な職場復帰決定の前に、社内制度として試し出勤制度等を設けると、より早い段階で職場復帰の試みを開始することができます。休業していた労働者の不安を和らげ、労働者自身が職場の状況を確認しながら、復帰の準備を行うことができます。

<試し出勤制度等の例>

①**模擬出勤**：勤務時間と同様の時間帯にデイケアなどで模擬的な軽作業を行ったり、図書館などで時間を過ごす。

②**通勤訓練**：自宅から勤務職場の近くまで通勤経路で移動し、職場付近で一定時間過ごした後に帰宅する。

③**試し出勤**：職場復帰の判断等を目的として、本来の職場などに試験的に一定期間継続して出勤する。

※これらの制度の導入にあたっては、処遇や災害が発生した場合の対応、人事労務管理上の位置づけ等についてあらかじめ労使間で十分に検討し、ルールを定めておきましょう。なお、作業について使用者が指示を与えたり、作業内容が業務（職務）に当たる場合などには、労働基準法等が適用される場合がある（災害が発生した場合は労災保険給付が支給される場合がある）ことや賃金等について合理的な処遇を行うべきことに留意する必要があります。

厚生労働省『改訂・心の健康問題により休業した労働者の職場復帰支援の手引き』

を行うほうがわかりやすいと考えます。

労働組合も労働者側の代理人弁護士も、休職期間内に試し勤務を行うことについては異論がない場合がほとんどです。

②　フルタイム勤務で行う

試し勤務や復職後のならし勤務において、 短時間勤務を採用する企業もあります。しかし私は、フルタイム勤務による試し勤務をお勧めしています。

なぜなら、フルタイム勤務でなければ本当に仕事ができる程度まで体力が回復したのかがわからないからです。もちろんいきなり休職前の業務をフルタイムではできないかもしれないので、次ページで述べるように業務の量や質を調整しますが、就業時間は短縮しません。

この点は労働組合や労働者側の代理人弁護士と意見が分かれますが、最終的にはフルタイム勤務を受け入れる場合がほとんどです。なぜなら、労働者には所定始業時刻から所定終業時刻までの所定労働時間勤務する契約上の義務があり、この義務を従業員側の解釈で一方的に短縮することはできないからです。

③ 出社すること

在宅勤務で試し勤務を行う事例もあると聞いたことがあります。また「在宅勤務であれば復職可」との診断書を根拠に、在宅勤務で試し勤務を行う事例も中にはあります。しかし私は、在宅勤務ではなく出社による試し勤務をお勧めしています。

物理的に会社に通う体力があるのかを確認する必要があるからです。通勤にも体力が必要であり、万が一復職後の通勤途中に自動車事故を起こすなどが起きれば、会社は安全配慮義務違反に問われるリスクもあります。十分に回復して体力があることを確認する必要があります。

この点も労働組合や労働者側の代理人弁護士と意見が分かれますが、最終的には出社による勤務を受け入れる場合がほとんどです。なぜなら、採用時に在宅勤務限定の雇用契約を締結した場合を除いて、労働者には出社により勤務する契約上の義務があり、この義務を従業員側の解釈で一方的に変更することはできないからです。

④ 賃金を支払う

裁判例により、試し勤務期間中であっても最低賃金以上の賃金を支払うべきであるとの判断がなされています（NHK 名古屋放送局事件、名古屋高裁平成30年６月26日判決）。

そのため、試し勤務期間中であっても賃金を支払うべきです。ではいくら支払えばよいのかが問題になりますが、結局のところ話し合いがつかず、休職前の賃金を時給換算したものを支払うことで合意をする場合が多いです。逆に言うと、休職前の賃金を時給換算した賃金を支払うのあれば従業員側としては断る理由がなくなってしまいます。

⑤　３カ月程度で元の業務が行える程度に負荷を下げた業務を行ってもらう

独立行政法人Ｎ事件（東京地裁平成16年３月26日判決）では、休職期間が満了した時点で解雇したところ、休職事由は消滅しているので復職が認められるべきであるから、解雇は無効であるとして争われた事件です。

裁判所は、復職が認められるための「治癒」とは、「原則として、従前の職務を通常の程度に行える健康状態に回復したこと」であるとし、復職の可否を判断する「従前の職務」については、休職前に病気のため割り振られた機械的単純作業を基準とするのは相当でなく、労働者が会社で「本来通常行うべき職務を基準とすべき」と判示し、「復職を認めるべき状況にまで回復したということはできない」として、休職期間満了を理由とする解雇を有効としています。

加えて、北産機工事件（札幌地裁平成11年９月21日判決）では、交通事故による入院のため休職扱いとされた労働者を休職期間の満了により退職とした取扱いが争われました。

裁判所は、「少なくとも、直ちに100％の稼働ができなくとも、職務に従事しながら、２、３カ月程度の期間を見ることによって完全に復職することが可能であった」場合について、「休職期間の満了を理由として退職とした取扱いは無効である」と判示しています。

そのため、試し勤務においても、３カ月程度で元の業務が行える程度に業務の負荷を下げた業務を担当してもらうことが適当かと思われます。

⑥　日報をつけてもらう

日報をつけることで業務の量・質、進捗状況について情報共有ができます。

ポイントは、１時間ごとに記載をしてもらい、１時間ごとの業務遂行状況がわかるようにすること、固有名詞や数字をなるべく記載してもらい検証可能にすること、上司もフィードバックを必ず行うこと、の３点です。

試し勤務は書面で合意をしたうえで実施することが望ましい

試し勤務の内容について書面で合意をしたうえで、試し勤務を行う必要があります（**書式10参照**）。書面での合意なく試し勤務を行うことも可能ですが、書面での合意をしたうえで実施したほうが、合意をした以上いろいろな言い訳ができなくなるので、解決確率が高くなります。

従業員側が試し勤務を拒否した場合

労働組合や従業員が会社の提示する試し勤務を拒否した場合はどうなるのでしょうか。

早稲田大学事件（東京地裁令和５年１月25日判決）は、脳出血とその後遺症により休職していた教授の復職の可否を判断するための模擬授業実施を当該教授が拒否し、休職期間満了を理由として解任したことが争われた事案です。

裁判所は、「そして、被告は、原告につき休職事由が消滅していないとの判断をしつつも、復職の可否を見極めるため模擬授業の実施を原告に提案したものであるところ（前記認定事実（４）。その際、休職期間の延長も行っている。）、被告における休職制度は解雇を猶予する趣旨の制度であって、使用者である被告において、労働者である原告の復職可否の判断（すなわち、従前の職務を通常の程度に行うことができる健康状態にあるか否かの判断）を行うことが当然に予定されているといえ、当該判断を慎重に行うため、必要な判断材料を収集しようとすることには合理性が認められることや、ｅ産業医が意見書において指摘する配慮につき、被告が具体的な検討を行う前提としても、

書式10　試し勤務合意書

○○株式会社御中

同意書

私は、傷病により休業中のところ、今般職場復帰のため、令和○年○月○日から令和○年○月○日までの間、○○での試し出勤を認めていただくよう申し出るとともに、以下の事項に同意します。

1．同期間中はあくまで私の復職の可否判断のための措置であることに同意し、同期間中は役職を持たず勤務することについても同意します。
　※同期間中の所属事業所は「○○」となります。
2．同期間中の賃金は時給制であり、金額は時給○円であることに同意します。
3．試し出勤の期間中は、○○での○○業務（日勤および夜勤）を会社が指定するシフトに沿って勤務することに同意します。
4．万一健康状態に影響があった場合には速やかに報告して、試し出勤の中止、休職命令など会社の指示に従います。
5．同期間中の全所定労働日について、所定始業時刻までに出社し、第２項記載の業務を支障なく行えたことが、職場復帰への最低限の条件であることに同意いたします。なお、○○業務の遂行状況によっては、会社は試し出勤の期間中に復職不可と判断せざるを得ない場合があることにも同意いたします。

令和○年○月○日
氏名　○○○○

原告が行い得る授業の形態等につき具体的な情報が必要となることからすると、被告による上記提案もまた、合理的なものということができる」。

「かかる経緯をも踏まえると、原告については、休職期間満了時である令和2年3月31日の時点において、被告大学の教授としての職務を通常の程度に行える健康状態にあったとは認められず、また、当初軽易な作業に就かせればほどなく従前の職務を通常の程度に行える健康状態にあったと認めることもできない。」と判断して、休職期間満了退職を有効と判断しました（下線は著者による）。

もっとも、早稲田大学事件においては試し勤務を拒否されても別の形での試し勤務を提案するなど話し合いを継続しており、すぐに解雇（休職期間満了退職扱い）は行っていません。解雇は最後の手段であり、解雇を行う前に①試し勤務の内容の変更提案、②休職期間の延長、③退職勧奨など解決の選択肢はいろいろありますので、事案に応じて進めていくことになります。

試し勤務の事例

① 休職と復職を繰り返していたケース

社団法人の事例です。事務職の方がプライベートの問題もあり、自殺をほのめかすなど精神的に不安定な状態でした。他の職員が仕事の負担をカバーしていましたが、休職と復職を繰り返し、法人も限界に達していました。

ところが、また復職可能との主治医の診断書が提出され、しかも労働組合に加入したとして、団体交渉を要求されました。本人不在の団体交渉でしたが、労働組合は強硬に復職を求めてきました。法人は、これまでの経緯から試し勤務を実施したいと提案し、労働組合もその提案を採用してくれました。

いざ試し勤務の開始時期が近づいた時、労働組合から「やはり本人は仕事ができる体調ではないので退職したいと申し出がありました。退職手続きをお願いします」と、連絡がありました。

これまでやんわりと退職を勧めてもことごとく拒否され、労働組合にも加入したということで復職の意思は相当固いと思っていたにもかかわらずあっさり退職したので、担当者は驚き、「まるで狐につままれたような気持ちです」、と言っていました。

②　試し勤務を提案したら労働組合に加入したケース

メンタル不調者が非常に多い大手メーカー関連会社の事例です。対象者は30代で、３回の休職と復職を繰り返していました。毎回、退職になるぎりぎりで復職しては再び休職する、を繰り返していたので、このような事例を放置することはできないと私が試し勤務を提案すると、会社は採用してくれました。

ところが、当該従業員に試し勤務を提案したところ、労働組合に加入し、団体交渉を要求してきました。

労働組合は試し勤務自体には異論はなく、賃金水準とフルタイム勤務に難色を示しました。会社は、賃金はともかく、これまでの休職と復職を繰り返してきた経緯からフルタイム勤務による試し勤務は譲れないと強気に主張して、フルタイム勤務による試し勤務を行うことになりました。

試し勤務で行う仕事は事務作業が中心で、休職前の業務負担の５割から７割くらいに設定しました。試し勤務１日目は、日報もきちんと記載して終了しました。私が「これは本当に復職できるかもしれない」と思うくらい、きちんと仕事をしていました。

ところが２日目の朝「退職させてください」と連絡があり、退職することになりました。

試し勤務後に退職勧奨を行う場合の留意点

復職等が団体交渉の議題になっている場合は、労働組合を除いて退職勧奨をすることは支配介入となりできませんが、「精神疾患に罹患した従業員に対して退職勧奨をしてよいか」「何か退職勧奨の際に気を付けることはあるか」等の質問を受けることがあります。

精神疾患に罹患しているからといって退職勧奨をしてはいけないわけではありませんが、退職勧奨の内容・程度によっては違法となるため、参考になる裁判例（エム・シー・アンド・ピー事件（京都地裁平成26年２月27日判決））を紹介します。

広告会社でコピーライター業務を行っていた労働者はうつ病により休職した後、復職しましたが、業務量の軽減を求めたり、朝・昼を問わず机に伏して寝ていることが多かったりしたため、会社が原告に対し退職勧奨をしたところ、原告はこれに応じませんでした。

９日の間に５回の退職勧奨が行われた翌日、原告は主治医の診察を受け、うつ病により休職加療を要すると診断されて再休職することとなりました。その後、就業規則所定の３カ月の休職期間満了により退職扱いとなりました。原告は退職強要による精神的苦痛についての慰謝料と退職扱いの無効による地位確認等を求め、訴えを起こしました。

退職勧奨は５回の面談において行われたもので、各面談の時間は第２回目は約１時間、第３回目は約２時間、第５回目は約１時間でした。

裁判所は、会社の行為として下記を事実認定し、これらの諸事情を総合的に考慮すると、原告の退職に関する自己決定権を侵害する違法なものと認めるのが相当であると判断しました。

- 退職勧奨に応じなければ解雇する可能性を示唆するなどして退職を求めていた
- 第２回面談および第３回面談で、原告は自分から辞めるとは言いたくない旨述べ、退職勧奨に応じない姿勢を示しているに

もかかわらず、繰り返し退職勧奨を行っていた
－　原告は業務量を調整してもらえれば働ける旨述べたにもかかわらず、被告会社がそれには応じなかった
－　第２回面談は約１時間および第３回面談は約２時間と長時間に及んでいた

すなわち、精神疾患に罹患している従業員に退職勧奨を行うことがすべて違法となるわけではなく、次の点に注意すれば、退職勧奨自体を行うことは可能です。

－　退職勧奨を断ることは可能であることを伝える
－　退職勧奨を明確に拒否されたら退職勧奨を行うことを止める
－　将来の解雇や自然退職扱いについては断定的な表現を使わない（「退職勧奨を断れば解雇をする」等）
－　１時間を超える長時間の面談はしない

産業医が退職勧奨に同席する場合もありますが、必ずしも産業医が同席できるとは限りません。また、産業医が同席しても違法な退職勧奨になり得ることから、やはり退職勧奨の内容と進め方が重要となります。

円満に解決するためには何をするべきか？

私傷病休職の場合は、とにかく「ここまで配慮してもらって復帰できないのだから、仕方がない」と思ってもらうのが一番良いです。当然、労働組合も表向きはいろいろ言いますが、内心では、会社の配慮は理解することが多いです。

また、休職期間を延長するほうが円満に解決しやすいです。休職期間の延長の話をしながら傷病手当金の支給期間の限度の話もして、退

職に誘導することがあります。

退職勧奨をする場合は、できれば配偶者、親、親族を同席させて話し合いをするべきです。本人が同席を断ればできませんが、親族の同席は意外と効果があります。その際、会社としての配慮（休職期間延長、試し勤務）を理解してもらいます。

メンタルヘルス・休職問題対応で押さえておくべきポイント

- ☑ 診断書提出や医師との面談を求め、情報を集める
- ☑ 労働者が労災申請をする場合、安易に認めたり事業主証明を行ったりしない
- ☑ 労災申請がされた場合、会社も意見書提出などにより言い分を伝える
- ☑ 復職に際しては、主治医に面談を求め、処方されている薬を確認する
- ☑ 復職をめぐり見解が分かれている場合は試し勤務による復職プロセスを実施して、就労可能かどうかを判断する

７ 賞与問題

労組と団体交渉のうえ賞与額を決定する

賞与は、労使交渉または使用者の決定により算定基準・支給基準が定まり、算定に必要な成績査定もなされて発生するものです（菅野和夫『労働法』（第13版）360頁）。

したがって月例賃金とは異なり、使用者が就業規則で定めない限り、使用者が労働者に対し一定の金額を支給しなければならないものではありません。

従業員に組合員がいる場合、使用者は賞与について労働組合と交渉します。

賞与支給前に支給額について、従業員が所属する労働組合と交渉します。一般的には、労働組合が夏季または冬季の希望支給額を要求し、これを受けて使用者と労働組合が交渉し、合意したのちに、使用者は組合員である従業員に賞与を支給します。

一般に使用者と労働組合が交渉するのは、支給原資の総額についてです（夏季賞与組合員平均３カ月分など）。このとき、組合員分の支給原資を回答すればよく、非組合員を含めたものを答える必要はありません。

労使で合意したのち、使用者は各組合員の成績査定を行い、原資の範囲内で賞与を支給します。労使で平均３カ月分賞与を支給することで合意していても、一律支給する必要はありません。もっとも、使用者と労組が「組合員一律３カ月分支給」などと合意した場合は、その限りではありません。

非組合員と組合員がいる場合の対応

大企業の場合、使用者と労働組合がユニオンショップ協定を結び、組合員資格のある従業員はすべて組合員であることが多いものです。この場合、賞与に関する交渉を労働組合と行い、妥結（合意）したうえで賞与を支給します。

では、組合員資格があるにもかかわらず、労働組合に加入しない従業員がいた場合はどうすればよいでしょう。

この場合も、労働組合は組合員の夏季または冬季の賞与について希望支給額を要求し、これを受けて使用者と労働組合が交渉します。当然ながら非組合員の賞与について、使用者と労働組合が交渉することはありません。

ただし、非組合員も自分の賞与がどうなるのか関心がありますので、使用者は全従業員を対象に（組合員だけ除くと不当労働行為になるおそれがある）、賞与の支給金額、支給時期についてあらかじめ説明会を開くことがあります。

このような説明会を開くことが難しければ、非組合員に不公平感を与えないためにも、せめて文書で全従業員を対象に賞与の支給金額、支給時期について知らせる必要があります。

妥結できないまま支給日を迎えた場合

原則として使用者は、従業員が所属する労働組合と妥結（合意）できなければ、組合員に対し賞与を支給すべきではありません。

妥結（合意）していないのに賞与を支給すると、労働組合を無視して賞与を支給したとして支配介入（不当労働行為）に該当する可能性があります。

使用者と労働組合が団体交渉を行い、協議を尽くしても支給予定日までに妥結（合意）できなかったときには、非組合員に対しては支給予定日に賞与を支給して構いません。

▶▶ 書式11　団体交渉継続通知書

○○労働組合
執行委員長　○○○○殿
同○○支部
執行委員長　○○○○殿

○年○月○日
○○株式会社
代表取締役社長　○○○○

通 知 書

○年夏季賞与について、当社は○年○月○日を支給日として予定しておりますので、本書にてお伝えいたします。

なお、貴組合員につきましても、支給内容につき貴組合と当社との間で○年○月○日までに妥結（合意）できた場合には、同じく○年○月○日に○年夏季賞与を支給させていただきます。○年○月○日までに妥結（合意）できなかった場合も、団体交渉について引き続き当社は応じますが、貴組合員に対する○年夏季賞与の支給は貴組合との妥結（合意）後となります。

以上

労働組合は、「組合員に対する不利益取扱いである」と主張するかもしれませんが、妥結（合意）できないから組合員に支払えないだけであり、組合員に対し不利益な取扱いをしたわけではありません。

使用者と労働組合が団体交渉を行っても、支給日までに賞与の支給金額について妥結（合通知書意）できない場合は、支給日以降も団体交渉を続けることになります。その場合の文例は、**書式11**です。

賞与の団体交渉で提出すべき資料

賞与の団体交渉で必ず提出しなければならない資料はありません。

一部の労働組合は、使用者に対し決算書の提出を求めることがありますが、原則として提出する義務はありません。

決算書には、賞与支給金額を決定するうえで必要ではない数値（役員報酬、交際接待費等）も記載されています。決算書そのものを団体交渉に提出する必要はないでしょう。

賞与はさまざまな性格を有していますが、利益配分という要素が強いため、当該年度の売上、利益（赤字の場合も含む）、来期の売上、利益予想の数値は労働組合に伝えるべきです。また、これまでの賞与の支給金額の実績などと比較しながら、合意形成できるような説明をしなければなりません。各種数値（人件費総額、販管費等）について開示を求められた場合、賞与の説明をするうえで必要であれば開示することになります。

賞与問題対応で押さえておくべきポイント

- ☑ 支給原資の総額は、組合員分の支給原資を回答すればよい
- ☑ 非組合員がいる場合、文書で全従業員を対象に賞与の支給金額、支給時期について知らせる
- ☑ 支給予定日までに妥結（合意）できなくても、非組合員に対しては支給予定日に賞与を支給して OK
- ☑ 決算書の提出を求められても、原則として提出する義務はない

外国人労働者問題

労働者の失踪後に組合加入通知と団交申入れが来る

外国人労働者に特有の労使トラブル類型として、労働者の失踪問題が挙げられます。特に注目すべきは、外国人技能実習生として日本で就労する者の失踪です。外国人技能実習生（以下、「技能実習生」といいます）の失踪人数はコロナ禍において減少が見られたものの横ばいの傾向にあり、法務省が公表したデータによると、2018年は9,052人、2019年は8,796人、2020年は5,885人、2021年は7,167人、2022年は9,006人となっています。

このような技能実習生の失踪から数カ月経過したのち、外部労組から失踪した技能実習生の組合加入通知と団体交渉の申入れがなされるという形で紛争につながるケースが、頻発しています。

紛争化するケースに見受けられるのが、「失踪して時間も経っているのだからうちとは関係ない」、「外部の労働組合からの団体交渉だから応じなくてよい」、「技能実習生に関する事項なので監理団体だけが対応すればよい」といった誤解です。使用者が組合からの申入れを放置してしまうと、紛争が泥沼化する場合があるので、留意が必要です。

団交のメインテーマは「長時間労働・過重労働」

外国人労働者の中には、「できるだけ多く稼ぎたいから、休みでも構わずシフトを入れてほしい」などとして、できるだけ多くの勤務を望む者が見受けられます（特に、工場・作業場等での現場作業やドライバー等の職種)。使用者のなかには、労働者からの申出をそのまま鵜呑みにし(場合によっては「やる気に応えてあげよう」という一種の「親切心」から)、外国人労働者を際限なく働かせてしまうというケースがあります。このような実態がある場合、団交では、「長時間労働」に起因する問題(残業代請求、労災等)が主たる要求事項となります。

「長時間労働・過重労働」は、残業代請求リスクや労災リスクを高めるものであり、使用者にとって決して好ましいものではありません。労働時間を管理・把握する義務は使用者にあるとされているため、実際に残業代請求や労災発生事案になった際、「労働者の求めに応じて働かせてあげただけだ」と反論しても、法的には通用しません。

社会保険未加入等の指摘を受けるケースが多い

外国人労働者が労働組合に加入した際に、労働組合から主たる要求事項とセットで掲げられる問題として、社会保険未加入問題があります。加入要件に該当する外国人労働者の社会保険加入の手続きを怠ったとして、使用者に責任追及を求めるケースがままあります。

外国人労働者の中には、社会保険制度への理解が不十分なまま、「社会保険はいらないから手取り額を増やしてほしい」と使用者に求める者がいます。しかしながら、外国人労働者であっても、加入要件に該当している以上、加入させなければなりません(なお、当該外国人労働者の母国が日本との間で社会保障協定を結んでおり、かつ当該外国人労働者が母国にて社会保障制度に加入していれば、日本の社会保険に加入しなくてもよい場合があります)。

外国人労働者が関係する労組トラブル対応事例

外国人労働者に関連して発生した労組トラブルでも、会社がどのような労務管理を行っていたかによって結果は大きく変わり、解決金の額の違いとなって表れてきます。2社の対応事例を比較して、明暗を分けるポイントを見てみましょう。

①　A社の事例

A社は、実習実施者として、監理団体を通じて外国人技能実習生甲（以下、「甲」といいます）を雇用していました。甲は、A社の工場で特に問題なく勤務・実習を行っていましたが、突如寮から失踪し、所在不明となってしまいました。A社では警察署に甲の失踪届を提出しましたが、所在不明のままでした。

約半年後、外部労組から、A社および監理団体に対し、甲が労働組合に加入したことの通知および団交の開催を要求する通知文が送付されて来ました。

これに対し、A社（および監理団体）は、通知を受領しましたが、当該労働組合に加入した組合員と甲の同一性が確認できていないことを理由に、直ちに団交の開催に応じることはしませんでした。

すると、労働組合は、正当な理由なく団交が拒否されたとして都道府県労働委員会に対し不当労働行為救済の申立をし、A社および監理団体は、この対応とともに労働組合と交渉を行うこととなりました。

交渉では、未払い残業代の精算と寮費の一部が過大に請求されていた分の返還等の要求と併せて、深夜にまで及ぶ長時間労働を強いられたとして、甲が自ら記録していた労働時間のメモに基づく残業代計算書が提出されました。

A社には甲に長時間の作業を指示したという認識はありませんでしたが、提出されたメモに対して労働を行っていなかったと反証するに足る資料を持ち合わせていませんでした。また、A社の大口の取引先が外国人技能実習生の労務管理も含むコンプライアンスを重視する企業であったため、紛争拡大化を避ける必要がありました。

結局、A社は労働組合から要求された金額と同水準の解決金（甲の帰国費用を含む）を支払って解決することとなりました。

② B社の事例

B社では、監理団体を通じて外国人技能実習生乙（以下、「乙」といいます）を雇用していました。乙は、B社で現場作業に従事していましたが、ある日寮から荷物がすべて引き払われ、所在不明となってしまいました。

約1カ月後、外部労組から乙が組合員になった旨および団交申入れの通知が、B社および監理団体に届きました。B社および監理団体はこの申入れに応じ、団交を開催しました。

団交では、労働組合側から過去5カ月分の残業代の支払いが求められました。この残業代は、乙が自ら手控えに記載していた1日の拘束時間をもとに算出されたものでした。

ところが、B社が記録していた作業時間の記録と突合したところ、稼働日等、複数の点で齟齬がみられたため、これらの点について反論しました。また、B社では業務の性質上手空き時間が多く、この手空き時間は労働時間に該当しないとの反論を行いました。

団体交渉を複数回経た結果、当初労働組合側が求めた金額の約6割の解決金で合意解決することができました。

③ 結論を分けるポイントはどこか

2つの事例は、外国人技能実習生が失踪した後に労働組合に加盟し、団体交渉が申し入れられたという点は共通しますが、解決の内容は、次ページの表のとおり大きく異なります。

結論を分けた主なポイントは、次の3点にあるものと考えられます。

①　労働組合から団体交渉の申入れに応じていたかどうか
②　労働時間の正確な把握および記録をしていたかどうか
③　取引先等に公表されることにより打撃を受け得る事実があったかどうか

	A社	B社
対象従業員	外国人技能実習生	
失踪開始から、労働組合による団体交渉の申入れがあるまでの期間	約半年	約1カ月
団体交渉の申入れに対する対応	組合員と当該外国人技能実習生の同一性が確認できないことを理由に団体交渉に応諾せず	実習実施者、監理団体どちらも団体交渉開催に応じる
法的手続の有無	不当労働行為救済申立	な　し
主たる要求事項	過去約1年分の残業代の支払い	過去約5カ月分の残業代の支払い
未払残業代の支払いに関する主たる争点	労働時間	
労働組合が主張する労働時間の根拠	外国人技能実習生本人が時間を記録したメモ	
実施機関側からの反論	必ずしも十分な資料に基づく反証がなされず	・B社が記録していた労働時間の記録に照らし、メモには一部不正確な内容が含まれることを反論

		・手空き時間が含まれることを作業実態を踏まえて反論
他の要求事項（具体的に挙げられたもの）	家賃の一部返還、帰国費用の負担等	特になし
解決内容	・合意退職 ・要求金額と同水準の解決金の支払い ・不当労働行為救済申立の取下げ	・合意退職 ・要求金額の約６割の解決金の支払い
その他の事情	当該紛争の拡大化による取引上のリスク（コンプライアンスを重視する大手企業が重要な取引先）	

・団体交渉に応じていたかどうか

労働組合法上、労働組合からの団体交渉開催要求に対して正当な理由なく拒否することは、不当労働行為となります。団体交渉拒否に正当な理由が認められるかどうかの終局判断にはかなりの時間を要し、また事例ごとに総合考慮により判断されるため、見通しが不透明である場合が多いです。そのため、従業員（元従業員を含む）が労働組合に加盟し、労働条件に関する事項についての団体交渉を求められた場合には、団交の開催には応じて交渉のなかで解決を目指すのが原則的な初動対応として適切と言えるでしょう。

なお、労働組合法上、使用者への団交申入れは、企業内労組だけでなく外部労組でもできます。特に、外国人労働者に関する労働問題においては、大半が外部労組からの申入れとなります。

Ａ社の事例では、団交申入れに応じなかったため、都道府県労働委員会に対し不当労働行為救済の申立がなされることになってしまいました。組合加入通知書を受領した以上、初動対応として、まずは団体交渉に応じるべきだったといえます。

一方、Ｂ社の事例ではＢ社および監理団体が速やかに団交に応じた結果、任意の話合い（団体交渉）において紛争解決が図られました。

・労働時間の正確な把握および記録をしていたかどうか

使用者は、客観的な方法その他の適切な方法により、従業員の労働時間の把握をする必要があるものとされています。

いずれの事例においても本人のメモの記録に基づく残業代の支払要求がなされましたが、Ａ社の事例では、本人のメモに記載されているような長時間の作業を行うことを具体的に指示したという認識はなかったものの、この主張を反証するに足る資料を持ち合わせていませんでした。一方、Ｂ社の事例では、具体的に何時から何時までどのような作業を行っていたのか、休憩が何時間とられていたのかが記録されていたため、メモの内容を検証し、必ずしも内容が正確でないと反論を行うことができました。

・取引先等に公表されることにより打撃を受け得る事実があったかどうか

Ｂ社の事例では、団交のなかで挙がった問題点は、専ら残業代の支払要求に関する事項のみでした。一方、Ａ社の事例では、残業代の支払要求以外に、送出機関と甲との間でなされた保証金の授受、法定の寄宿舎規則の届出漏れ等、監理団体の監理体制や労働時間以外の実習態勢も問題となりました。Ａ社の大口の取引先が技能実習生の労務管理も含むコンプライアンスを重視する企業であったことから、取引上大きな打撃を受けることを避けるため、労働組合や労働基準監督署からの指摘に従って改善を図らざるを得なかったという背景がありました。

昨今、大企業は自社グループ内のみではなく外部委託先にも法令遵守を要請する傾向にあります。「ユニクロ」を展開する株式会社ファーストリテイリングや「ワコール」を展開する株式会社ワコールホールディングスが委託先の工場リストを公開したことが報道されたように、その潮流は一層の高まりを見せています。委託先企業は、法令遵守違反を犯した場合には大企業からの発注が停止されてしまう重大な取引上のリスクにさらされることになります。ここでいう法令遵守には、出入国管理及び難民認定法（以下、「入管法」といいます）や外国人の技能実習の適正な実施及び技能実習生の保護に関する法律（以下、「技能実習法」（令和６年法律第60号による改正施行後は「外国人の育成就労の適正な実施及び育成就労外国人の保護に関する法律」）といいます）等の法令も含まれますので、法令違反のある状態で労働者を雇用することは、労務紛争リスクのみならず、取引上のリスクに直結することになります。

以上のように、団交申入れがあった際の初動対応や日頃の労務管理、実習実施体制の不備の有無によって、解決内容が大きく変わってきます。紛争化しないよう日頃の労務管理を適切に行うことはもとより、万が一紛争が勃発した際にも適切な初動対応ができるよう、対応スキームを確認し、関係部署間で共有しておくことが、外国人労働者をめぐる組合紛争を泥沼化させない重要なポイントと言えるでしょう。

予防法務の視点から考える募集・契約実務上の留意点

①　募集時に注意すべき点は？

「外国人労働者の雇用管理の改善等に関して事業主が適切に対処するための指針」（平成19年厚生労働省告示第276号）では、外国人の雇入れの場面において、使用者が留意すべき事項が記載されており、募集にあたっては、「当該外国人が従事すべき業務の内容、労働契約の期間、就業の場所、労働時間や休日、賃金、労働・社会保険の適用に関する事項」を書面の交付等より明示することとされています。

また、同指針では、「母国語その他当該外国人が使用する言語または平易な日本語により労働条件を明示すること」とされており、「事業主による渡航または帰国に要する旅費その他の必要な費用の負担の有無や負担割合、住居の確保等の募集条件の詳細について、あらかじめ明確にするよう努めること」とされています。

これらの事項を明示することによって、雇入れ後に労働条件の食違いに起因する労使トラブルの発生を可及的に防止することが期待できます。

なお、国籍を理由として、賃金、労働条件、その他の労働条件について差別的な取扱いをすることは違法（労働基準法第３条）とされている点にも留意が必要です。

②　在留資格を確認する

外国人労働者を雇い入れる際には、必ず当該労働者が日本で労働する資格を有しているかどうかを確認する必要があります。この確認のために在留カードの提示を求めることは差支えありません。また、在留カードの確認に加え、特定技能の在留資格をもって在留する者については特定産業分野を記載した指定書の提示を、特定活動の在留資格をもって在留する者については法務大臣が当該外国人について特に指定する活動を記載した指定書の提示を求め、届け出るべき事項を確認する必要があります。

なお、就労資格のない外国人の雇用等をした場合、使用者も刑事上の罰則の対象となり得る点に留意が必要です（入管法第73条の２第１項、同条第２項、同法第76条の２）。

③　労働条件通知書を作成・交付する

労働者を雇用する際に労働条件通知書を作成する必要がありますが、

外国人労働者を雇い入れる際には、労働条件の齟齬が生じないよう、募集時の募集事項と同様に、当該外国人の母国語等も表記した書面を取り交わす等、当該外国人労働者が理解できる方法により労働条件を明示することが望ましいです。

労働条件通知書等には、賃金、労働時間に関する事項等、主要な労働条件について明記する必要があります。特に、日本の企業文化と外国人労働者の認識との間で齟齬が生じやすいのは、配置転換に関する事項です。配置転換を予定する場合には、配置転換があり得ることを労働条件通知書に明記（2024年４月１日から労働基準法施行規則第５条第１項第１号の３が改正されたことにより、就業場所・業務の変更の範囲も雇入れ時に明示する義務があります）のうえ、雇用契約締結時に説明を行っておくことが肝要です。なお、在留資格の変更を伴う配置転換の場合には、資格外活動の許可あるいは在留資格の変更許可が必要となりますので、この点には留意が必要です。

④　ハローワークに「外国人雇用状況届出書」を提出する

使用者は、外国人の雇入れ際には入社日の翌月10日まで（離職の場合は退社日から10日以内）に、当該外国人の氏名、在留資格、国籍等を記載した「外国人雇用状況届出書」（2020年4月以降は在留カード番号の記載も必要）をハローワークに届け出ることが義務付けられています（労働施策総合推進法第28条）。届出違反の場合には罰則が適用されること（同法第40条１項２号）に留意が必要です。

外国人労働者問題で押さえておくべきポイント

☑ 本人が希望しても長時間労働・過重労働はさせない
☑ 加入要件を満たす者は社会保険に加入させる
☑ 募集・契約時は労働条件をめぐるトラブルを避けるため本人が理解できる方法で伝える等の配慮をする
☑ 就労が認められる在留資格を有していることを確認する

第6章

ケースに学べ！労働問題転ばぬ先の杖

現在は問題がないようでも、労務問題は突然表面化します。本章では、最近頻出している問題について、事例を見ながら解決方法を学んでいきます。問題は起きないことが一番よいのですが、事前に学び、早期にトラブルの芽を見つけられれば、最悪の事態は避けることができます。

❶ “日報”の活用による問題社員対応

問題社員が労働組合に加入することがある

会社にとってのいわゆる問題社員が労働組合に加入することがあります。さまざまなパターンがありますが、会社と何らかの問題を抱えた状態で労働組合に加入することがほとんどです。会社に問題がある場合もありますが、多くは問題社員側に問題があります。

ところが、労働組合とのやり取りの中で正義対正義の戦いになり、思わぬ深刻な紛争に突入してしまう場合が多くあります。

私は以前から、いわゆる問題社員の組合員であればあるほど会社と議論が噛み合わず、客観的な事実を見ようとせず、感情的な対立が激しくなることに疑問を感じていましたし、何とか不毛な紛争を防ぎたいと思っていました。

問題社員の根本的な原因は自分を客観視できないこと

①　いわゆる問題社員は「自分は仕事ができている」もしくは「成績があがらないのは会社のせいである」と思っている場合が多い

多くの場合、いわゆる問題社員は「自分の勤務態度等には問題がない」と本気で考えています。私は訴訟や団体交渉においていわゆる問題社員と直接話すこともあるのですが、皆さん同じように「自分はきちんと仕事をしている」、「成績があがらないのは会社のせいである」と言います。最初は強がりで虚偽の事実を述べているのかと思ったのですが、どうやらそうではなく本当にそう思っていることがわかりました。

いわゆる問題社員は、自分で自分を客観視できていない方がほとんどなのではないかと推測できます。

②　正義対正義は戦争を生み出す

自分で自分を客観視できない場合、「自分が正しくて相手が悪い」と考えるようになります。労働問題では、「正義は自分にあり、悪者の会社と戦う」と考えるようになります。

一方会社も、「問題社員が100%悪い」「問題社員は仕事はできず態度は悪く怠け者である」と考え、「会社が正しくて問題社員は悪者」、と考えるようになります。

そうなると労働問題は正義対正義のぶつかり合いになり、互いに自分が正しいと証明するまで戦い続けなければと考え、その結果泥沼の労使紛争に突入してしまうのです。労働問題が炎上してしまったり長期化してしまったりするのは、この構造によるためです。

根本的な予防を図るには、この構造を仕組みとして変える必要があります。

問題社員対策における日報の必要性・有効性

皆様は録音した自分の声を聞いてみたことがありますでしょうか？録音を聴いて「このような声なのか」「こんな話し方なのかなあ」「思ったよりも話のリズムが良くない」などと感じたことがある方も多いはずです。

私は人前で話すことが比較的多く、コロナ禍以降、自分の話した内容を録音・録画する機会が増えましたが、今でも自分の録音・録画を聞くとテンポが遅いとか回りくどい話し方をしているなど、反省点ばかり気づきます。話している時は、この反省点に気づきません。自分で自分を客観視することができないからです。

このように、自分を客観視することは、簡単ではありません。ゴルフのマスターズ選手権で優勝の偉業を成し遂げた松山英樹選手でさえも、コーチをつけるようになってからスコアが安定したと、インタビューで答えています。

話し方やゴルフに限らず、仕事においても自分で自分の仕事内容を書き出してそれを見るまで、自分の仕事ぶりを客観視するのは難しいです。

ですから、問題社員対策においても日報をつけてもらうことにより自分で自分を客観視できるようにすることが重要になります。

② 上司と対話ができる

日報の有効性のひとつに、上司と対話ができるという点があります。

日報には、本人が当日の感想なりを記載して、上司がそれに対してコメントを付けることになります。上司も人間ですからいつも冷静に問題点を指摘して改善点を指導できるとは限らず、場合によっては険悪な雰囲気の内容になることもあります。一見、パワハラや紛争リスクが高まるように思われるかもしれませんがむしろ逆で、日報上での対話ではありますが、私はこの対話により紛争リスクは下がると思っています。

問題社員対応をめぐって炎上したり紛争化したりする案件では、上司が当該社員に対して無関心もしくは無視している状態であることや、人のいない職場に配置転換するなどの人事上の措置をとっている場合が多く、上司と部下が向き合っていない状態であることが多いです。

こうしたケースは何らかのコミュニケーションを取れていれば紛争にはなっていないと言え、そのため上司と日報により対話ができるということは非常に重要な点になります。

③ 第三者に評価を求めることができる

さらに、日報の内容を第三者に見せて評価を求めることができるという点でも有効です。

いわゆる問題社員の中には「会社が自分に指示している業務内容や日報をつけさせることは違法なのではないか」と思うことがあるようで、日報を第三者（弁護士や労働組合）に見せてアドバイスを受けることもあるようです。実際に日報をつけている方と話すと、「実は日報の内容を労働組合に相談している」「弁護士に相談している」などと答える方がいます。

私が「 労働組合や弁護士は何とアドバイスをしましたか」と聞くと、多くの方は私の質問には答えません。中には正直な方もいて「労働組合の担当者はもっと会社の言うことをきちんと聞いて仕事はしたほうがいいよと言っていた」と回答する方もいます。

このように日報を通じて第三者に評価を求め、その第三者を通じて自分を客観的に見ることができるようになるのです。

④　実情を知り労働組合が問題社員を説得する場合もある

労働組合の担当者は、実は客観的な視点で物事を見ている場合が多いです。問題社員と一緒になって団体交渉で抗議をしたりすることはあるのですが、私と労働組合の担当者だけで話すと非常に冷静で、どうやって紛争を解決するべきか客観的に物事を見ている場合が多いです。

そのため、客観的な事実や資料があればあるほど、労働組合側も本人を説得して是正したり譲歩したりしないといけないと行動を起こすようになります。実は労働組合の担当者が「私からも彼（問題社員）に注意をしておきます」などと話したことは、何度もあります。

日報指導のポイント

①　固有名詞と数字を多く記載してもらう

どうしても人間は自分に都合の悪い部分を隠そうとします。いわゆる問題社員も、自分に都合の悪い部分を（意識的にか無意識的にかはわかりませんが）隠そうとして、日報に抽象的な内容、たとえば「営業訪問」とのみ記載する場合などがあります。

しかし実際の訪問結果には、誰とどこで会ってどんな話をしたのか、何を提案したのか、どのような資料を渡したのか、次の面談予約を取り付けたのかなど、仕事ぶりに関するさまざまな情報が含まれます。特に固有名詞と数字は後に検証可能な情報であるため、本人の仕事ぶりを客観的に検証することができます。

ですから、日報の記載が抽象的である場合は、より具体的に固有名詞と数字を書いてもらうことが必要です。

②　時間帯を細かく分ける

一日の時間帯を細かく分けて書いてもらうことも必要です。自分に都合の悪い部分を曖昧に書くためには、時間帯を大雑把に区切り大雑把な記載をすることが一番有効だからです。

できれば30分、少なくとも１時間刻みで日報を記載してもらうことが有効になります。

③　所要時間（実際にかかった時間）を記載してもらう

仕事別に所要時間を記載してもらうことも、効果的です。どのような仕事をどの程度の時間で行ったかは、業務の質を考えるうえで非常に重要なポイントになります。

私も実際に自分で日報をつけて所要時間を記録することがありますが、なぜこの仕事にこれほど時間がかかったのか反省をすることがしばしばです。自分で時間を測ってみて仕事の記録をつけるということは、自分の仕事ぶりを振り返るうえで非常に重要なポイントになります。

④　退職を目的として日報を記載させない

上司が日報に毎日返答して改善点を指導するうちにどうしても仕事

書式12　業務日報書式

業務日報

【業務日報記入にあたっての留意事項】
※本業務日報は各労働日の所定労働時間内（時間外労働許可を得ている場合には、当該許可時間内）に●●宛（●@●●.●●）にメール提出してください。
※本業務日報中、白色セルをすべて記入してください。
※「業務内容」欄には、行った作業内容（作成した資料等がある場合には資料名および使用した作成ソフト）、会議、電話等の業務内容、休憩した場合はその旨を記入してください。
※セルを結合する等して概括的記載を行うことなく、時間ごとに具体的な内容を記入してください。
※「通信相手（所属）」欄には、会議、電話等を行った相手を記入してください。
※所定労働時間（●：●●－●．●●）以外の業務は、当社の事前の許可を得た場合に限ります。
※時間外業務を行う必要がある場合には、その必要性および行う予定の業務内容を明記のうえ、●●宛に許可申請をしてください。
※●●：●●～●●：●●は休憩を取得してください。

氏名	杜若太郎	業務日	20●●年●月●日
業務開始時刻	午前9時00分	業務終了時刻	午後6時30分
本日完了した業務	佐藤商事営業訪問 次回の営業資料作成完了 営業アポ（吉永商事アポ）		
未完了業務(期限)	特になし		
本日の業務を通じて獲得した事項	特になし		
業務進捗の状況・意見	佐藤商事とは良い関係を築けている。引き続き頑張りたい。		
承認者コメント	佐藤商事に行って何を提案したのか、どのような営業資料を提示したのか、誰と会ったのか明記してください。杜若さんはよく佐藤商事に訪問していますが（今月3回目）、どの程度の必要性があるのか教えてください。一昨日も指摘しましたが営業資料は何を作ったのか私にも送ってください。営業アポの電話に120分もかかりますでしょうか。3社のアポを取るのであれば所要時間20～30分程度かと思います。吉永商事も今月だけで2回訪問しています。そこまでの必要性がありますか。それよりも私が先週送った新商品●の見込み顧客リストの訪問アポ取りをしてください。既存の顧客だけでなく、新規の見込み顧客訪問をもっと増やしてください。期待しています。 また、午後6時以降に日報記載を行っていますが、18時の終業時刻までに必ず行ってください。今回は残業として扱いますが、次回からは事前申請がなければ認めません。		

時間	業務内容・取得した休憩	所要時間（分数）	通信相手および所属	備考
～				
8:59				
9:00	前日の日報内容確認	30分		
～	机周りの掃除	30分		
9:59				
10:00	営業訪問（佐藤商事　佐藤様）のための移動	60分		
～				
10:59				
11:00	営業訪問（佐藤商事　佐藤様）商談	60分		
～				
11:59				
12:00～12:59は休憩を取得してください				
13:00	帰社のための移動	60分		
～				
13:59				
14:00	翌日の田中商事訪問のための営業資料作成	60分		
～				
14:59				
15:00	翌日の田中商事訪問のための営業資料作成	60分		
～				
15:59				
16:00	来週の営業アポ電話（大友商事・渡邉商事アポ取れず）	60分		
～				
16:59				
17:00	来週のアポ電話（吉永商事のアポ成功）	60分		
～				
18:00				
18:00	日報記入	30分		
以降				

ぶりなどが気になり、感情的な返答をすることもあります。人間ですからある程度はやむを得ません。問題は、このようなやり取りを繰り返すことによって、日報の目的がいわゆる問題社員を退職させることに変わってしまうことです。あくまでも日報は業務指導のために記載してもらうものであり、退職させるために記載してもらうものではありません。退職させることが主な目的に変わってしまうと、上司の内心が日報のコメントに滲み出ることがあります。これは要注意で、パワハラや違法な業務指導、業務命令につながる可能性があります。

深刻な問題社員は、会社が辞めさせようと思って辞めるものではなく、むしろ辞めさせようとすればするほど辞めなくなります。会社に対する反発もありますが、仕事を大してしなくとも給料がもらえるという現場から離れることができないのです。

そのため、逆説的ですが深刻な問題社員に退職してもらうためには、退職させようとせずその人なりの仕事をまっとうにしてもらえるように指導することが近道なのです。

日報を記載させることはパワハラになるのか

①　特定の従業員のみに日報を記載させることはパワハラになるのか

よく受ける質問に「特定の従業員のみに日報を書かせることはパワハラになるのではないか」というものがあります。

私は、これまでに問題行動・成績不良等の事実があって指導の必要性があり、社会通念上相当な範囲に留まっている指導であれば、特定の従業員だけに日報を記載させるのはパワハラには当たらないと答えています。

日本では厳しく解雇が規制されている反面、会社による注意・指導についてかなりの裁量が認められています。なお、日報を記載させること自体はパワハラに当たりませんが、日報の指導内容次第ではパワハラになり得ることには注意が必要です。

② 実際の反応

日報を活用した指導を行うようになって5～6年が経ちますが、今のところ、そもそも対象従業員から「日報を書かせること自体がパワハラだ」と主張されたことはありません（信じられないことですが）。おそらく、会社とやり取りができことをそれなりに評価しているのだと思われます。

労働組合も、日報指導に理解を示す場合がほとんどです。ただし、日報指導に対して苦い顔をすることはあります。業務指導のために行っている限りはパワハラなどにはならないため、労働組合は正面から日報指導を否定することができないのです。

日報指導の事例

① 「メールチェック」「前日の日報のフィードバック確認」しか記載がなかったケース

・周囲が呆れるほど仕事をしない20代の従業員

ある中堅メーカーの国際貿易担当部署から相談がありました。最近入社した20代の従業員が、上司が仕事をお願いしても言い訳を言って仕事をしない、具体的に何をしているかよくわからない、周りの同僚もあまりにも仕事をしないので怒りを通り越して呆れている、解雇してよいかという相談で、注意も指導も明確に行わずに解雇をすることはできないため、注意指導を行うことにしました。

具体的な方法は、毎日当該従業員に日報を書いてもらい、上司がそれに対しコメントを書くというものでした。直属の上司は「そんなやり方では生ぬるい」と言いたげな顔をしていましたが、渋々私のアドバイスに従ってもらいました。

・ほぼ八割がた真っ白の日報を提出

この従業員の日報は、初日から異常な内容でした。１時間ごとに行ったことを具体的に記載して所要時間を明記する、という設定にしたのですが、なんとほぼ８割がた真っ白で何も記載がないまま日報を提出してきたのです。

ちなみに、この日報指導を始めてから気づいたことですが、日報に明らかな虚偽記載をする従業員はほとんどおらず、正直に書いてくるか、もしくは抽象的な記載で紙面を埋めて提出してくる場合がほとんどです。この従業員のほぼ白紙の日報も、本当に仕事をしていないという意味の白紙でした。

当然、上司は「あなたに指示した○○の仕事をしてください」とコメントを記載し日報を返却したのですが、ほぼ八割がた真っ白の日報の提出は続き、あまりの異常な事態に面談をすることになりました。

上司が「なぜあなたは仕事をしないのですか」と聞くと、当該従業員は「私にも考えがあります」「出るところに出てもいいんですよ」などと噛み合わない答えをするばかりです。上司は呆れ果て、「どこに出て行っても構いませんが仕事はしてくださいね」と述べました。

・有給休暇を使うようになり、退職勧奨に同意

このケースのように、上司が指導を行うと「この指導はパワハラだ」「外部窓口に通報しますよ」など「パワハラ」という言葉で脅かすような事例が増えています。多くの上司は「パワハラと言われることで自分の評価が下がるのではないか？　昇進に影響があるのではないか？」と不安になってしまいます。たまらずこの上司からも「もう解雇していいですか？　私も耐えられません」と相談されました。

しかし当該従業員の仕事ぶりが改善していないので、私は「解雇はまだできません。毎日指導を続けてください」と回答しました。

そのうち、当該従業員は有給休暇を使い始めました。

これは日報形式の指導においてよく起こる行動パターンです。これまで仕事を大してしなくとも給料がもらえた快適な環境だったのに、「仕事をしてください」と指導され仕事をしていない（日報が書けない）現実に向き合わざるを得なくなり、居心地の悪さを感じるのだと思われます。

同じようなパターンを経験していた私は、上司に対して「退職の話し合いをしても構いません。」と伝えました。上司と人事担当者と当該従業員の３名で面談を行うこととなり、会話は対象従業員同意のもとで録音しました。

結局、退職勧奨したところ、有給休暇の買取りのみで退職することで決着しました。現在に至るまで、この従業員から会社に対して何の訴えや請求もありません。

このような従業員がいるのかと驚かれるかもしれませんが、一定規模の会社になると一人や二人まともに働かなくても、会社経営上、大きな影響はありません。上司や周りの従業員もあまり関わりたくないために、仕事をほとんど与えず放置していることがままあります。日報を記載してもらうことで現実を直視し、自身の進路について考えてもらうことが可能になります。

②　日報を書かずに一日で退職を申し出たケース

ある士業事務所の事務職員は、採用直後から単純ミスを繰り返していました。経営者が退職勧奨をしても「私はこの事務所で頑張りたいのです」と述べて、退職勧奨には応じようとしません。しかし相変わらず単純ミスを繰り返し、郵便の宛名を間違えたりメールの誤送信を繰り返したりしていました。

経営者は試用期間中の解雇も検討しましたが、私のアドバイスを受けて日報を書いてもらい指導することにしました。事務職員には「私が直接指導をすることにします。毎日日報を書いてください。私が毎日コメントを書きます。一緒に頑張りましょう」と伝えて、日報を書くことを提案しました。

翌日、「これ以上迷惑をかけるわけにはいかないので退職を決意いたしました」と、当該事務職員から退職届が提出されました。そしてパワハラの訴えや慰謝料請求などもなく、円満に退職をしていきました。

もしかしたら他の方法により退職に至った可能性もあります。たとえば、懲戒処分を行うなどの方法が考えられます。しかしより紛争や炎上リスクを避けるためには、「一緒に日報を書いて業務改善を図る」という姿勢がより重要になります。この事案においても、退職した従業員からの訴えや請求は、現在に至るまでありません。

③　日報によりむしろ仕事をしていたことが判明した（上司の認識が誤っていた）ケース

あるサービス業を営む会社から「迷惑行為を繰り返し、会社や上司の批判を行う従業員がいる。解雇したい」と相談を受けました。

ところが私がヒアリングをしても問題行動が抽象的で、具体的にいつどこで何をしたのか、特定することができませんでした。

そこで、解雇したいという会社を説得して、しばらく当該従業員に日報をつけてもらい様子を見ることにしました。

当初、日報をつけることに反発をしていましたが、次第に毎日会社に対して改善提案を行うようになりました。時折常識に欠けるような記載を行うこともありましたが、業務改善に対する熱意を感じるような内容でした。仕事ぶりに問題はなく、むしろ積極的に作業をしていることがうかがわれました。

日報から当該従業員の仕事ぶりが明らかになると、会社もひとまず解雇することは諦め、様子を見ることになりました。

日報を特定の従業員に記載させるとなると、いじめやパワハラになるのではないかと心配する方もいます。しかしこの事例のように、他の従業員より仕事を熱心に行っている、改善提案も熱心に行っている、ということがわかる場合もあります。

日報は、会社の誤った判断を正すきっかけにもなります。

日報指導で上司はどのような指摘をすればよいか

①　形式不備

いわゆる問題社員の多くは会社の指示を守らない傾向があり、そもそも日報の形式面に不備があります。たとえば、会社がレポートの提出を業務として命じ、文字数や見出し文字のポイント数などの形式に関する指示をしても、守ることができない、もしくは守ろうとしません。

しかし、形式面の不備は気を付ければ誰でも減らすことができるものであり、このような指摘を受けること自体が日常の行動に問題があることを裏付けています。

203ページに紹介した業務日報の書式例では「※本業務日報中、白色セルをすべて記入してください。」と記載していますが、日報に関してもこうした指示に従わない場合、そのことを指摘します。

②　抽象的な記載

いわゆる問題社員の日報は、抽象的な記載に終始しますので、上司は具体的に記載するよう、粘り強く指摘する必要があります。具体的には201ページに述べたとおり、固有名詞と数字をより多く記載してほしいと指摘することが挙げられます。場合によっては上司が具体的な日報の記載例として見本を示してもよいと思います。

③　時間がかかり過ぎる

いわゆる問題社員の特徴の一つは、仕事をするのに時間がかかり過ぎることです。203ページに紹介した業務日報の書式でも、上司が「営業アポの電話に120分もかかりますでしょうか。３社のアポを取るのであれば所要時間20～30分程度かと思います。」とコメントしていますが、この作業にこれほど時間がかかるとは到底思えないというケースが多く、理解に苦しむものがあります。

上司がいちいち指摘するのは面倒かもしれませんが、なぜこれほど時間がかかったのかを質問するなどして指摘する必要があります。

④　言い訳ができないようにする

日報の記載に対して指摘をすると、いわゆる問題社員の多くは言い訳をして反論をしてくることがあります。たとえば「忙しい」「教わっていない」「自分にばかりやらせるのか」などと反論してきます。

この言い訳に対して、感情的に反論しても意味がありません。良い意味で言い訳ができなくなるようにする必要があります。

たとえば「忙しい」と言われたら、「忙しいことはわかるが、指示した業務はいつ終わるのか、具体的に期限を教えてほしい」などと話を合わせます。忙しいという主張自体はとりあえず否定せずに、期限を約束してもらうことを目指します。また、「教わっていない」と反論されたら、「どこがわからないのか教えてほしい。わかるまで教える」などと述べたり、マニュアルや教本を送ったりするなどして、言い訳ができないようにする必要があります。

⑤　法令違反は改善する

一部のいわゆる問題社員は、会社の労働関連法令違反を指摘してくることがあります。直接は当該従業員に関係ない内容だったとしても、その点は素直に改める必要があります。ささいな労働関連法令違反であることも多いのですが、感情的にならないで改めてください。労働関連法令違反を改めれば、対象従業員は会社を攻撃する材料がなくなります。

⑥　必ずコメントを記載するよう指摘する

対象従業員が日報にコメントを記載することを止めてしまう場合があります。このような形式不備にも、「コメントは必ず記載してください」と毎回指摘する必要があります。

一見大したことがない指摘のように思われるかもしれませんが、このような行動は対象従業員が自分で自分を振り返るのが嫌になってきている場合に見られることが多いので、自分で自分を振り返るように指摘する必要があります。

⑦ 担当可能な仕事がない場合

「日報による指導を行おうにも、やってもらう仕事がない。どこも受入れ場所がない」とよく会社から言われますが、雇用している以上、このような場合でも何とか仕事を見つけることが原則となります。

しかし、すでに配置転換により本人に合う仕事を見つけようと試行錯誤しているケースや小規模な会社でそもそも職種が少ないケースなどでは、本当に受入れ先がないこともあります。

その場合、業界動向に関するレポートの作成や新しい分野についての知識の習得などを行ってもらいます。そして、これらについて成果物を毎日提出してもらうとともに日報を書いてもらい、上司が返信するなどの方法により指導を行います。

ただし、このような措置も長期にわたって行うことはできません。期限を設け「次の職場が決まるまでの間、３カ月程度レポートを書いてもらう（延長あり）」等として、時限的な措置であることを示します。

残念ながら、多くの場合真面目にレポート等を作成してくることはありません。それでも会社側は丁寧に添削をして返す必要があります。

何も指示しないで放置するなどの措置は、「人間関係からの切り離し」として明らかなパワハラに該当しますので、放置は行うべきではありません。何らかのレポートを出してもらうなどの研修や業務に関する知識の習得を行ってもらう必要があります。

日報による指導を行った場合の退職勧奨

①　有給休暇消化のペースが速くなった時に退職勧奨を行う

日報による指導を行っても業務効率や業務態度が改善しない場合は、どこかの段階で退職勧奨を行うことになります。

退職勧奨は、一度明確に拒否された場合、それ以降引き続き退職勧奨を行うと退職を強要したとして違法行為になるため、タイミングが重要になります。

一つのタイミングとして、対象従業員が有給休暇を消化するペースが早くなった場合が挙げられます。日報による指導は、日報に自らの業務内容を記載し単に上司から返信をもらうだけですが、多くのいわゆる問題従業員はこの環境に耐えられず、有給休暇を使用して会社を休むようになります。また有給休暇を使用して転職活動をしている場合もあります。

そのため、有給休暇消化のペースが速くなった時に退職勧奨を行います。

私の経験からすると、このタイミングで退職勧奨を行った場合、かなりの確率で退職勧奨に同意をしてもらえました。

②　多額の金銭を提示する必要はない

退職勧奨において、通常の退職金とは異なる割増の退職金を支払うべきか、支払うとしてもいくら支払うべきかが問題になりますが、割増退職金が不要な場合も多くあります。

これまで日報による指導を行ったきたケースでは、すでに会社を退職する決意が固まっていた場合が多く、多額の金銭を要求されたり理不尽な要求を受けたりしことはありません。

③　あなたに合う職場は他にある

退職勧奨においても、むしろ相手に感謝し、丁寧に対応をする必要があります。特に重要なのは、対象従業員の能力や人格を否定しないことです。「たまたまうちの職場に合わなかっただけであなたに合う職場は他にもたくさんあると思います」などと、お世辞ではなく心からこのような話をして丁寧に説明をすることで、多くの方は退職勧奨に同意をしてくれました。

綺麗事を言っていると思われていたとしても、言われた対象従業員も綺麗事を言う程度には気を使ってもらっているのだなということはわかります。人間関係を円滑に終了させる場合には、時には綺麗事も必要です。

2 雇止め問題

「雇止め」が団体交渉の議題に挙がったら

労働組合員数は減少傾向にありますが、一方で、パート（パートタイマー）、アルバイト、契約社員、派遣社員などの非正規雇用従業員は増加傾向にあり、トラブルも増えています。

製造業を中心に「派遣切り」などと呼ばれる非正規雇用従業員の労使トラブルが、メディアで大きく取り上げられたこともありました。

政府が法規制をどうするかにもよりますが、企業はグローバル競争を勝ち抜くために、今後も非正規雇用従業員を活用せざるを得ず、トラブルも継続して発生するでしょう。

そこで非正規雇用従業員が労働組合に加入した場合を想定し、その対応方法をお話します。

非正規雇用従業員が労働組合に加入した場合、団体交渉で多く議題にあがるのは、いわゆる雇止め（契約不更新）についてです。

雇止めとは、契約社員などの有期雇用の従業員について、契約更新せずに契約期間満了を理由に契約を終了させることです。契約期間満了を理由とする雇止めは違法ではありませんが、理由が不当な場合は無効になることもあります。

組合によっては、「雇止めも解雇である」と主張しますが、法的には「期間の定めのある雇用契約の雇止め」と「期間の定めのない雇用契約の解雇」を分けて考える必要があります。

また、期間の定めのある雇用契約については、裁判例が集積し一定のルールができており、労働契約法が2012年に改正されたことから（労働契約法第18条、第19条）、団体交渉の前に、ある程度の知識を得ておくべきでしょう。

期間途中で解雇した場合

2020年4月1日から2021年3月31日までの雇用契約を結んだにもかかわらず、期間途中の2020年9月末日で解雇をした場合はどうなるでしょう。

期間の定めのある雇用契約は、その雇用契約期間において強くその地位を保障されます。雇用契約期間中においては、いわゆる正社員よりも身分保障が強く与えられていると言ってもよいでしょう。期間の定めのある雇用契約においては、会社が倒産するなどのよほどの事情がない限り、期間途中の解雇は無効となります（労働契約法第17条）。

したがって、労働組合との間で期間途中の解雇が議題に挙がった場合は、よほどの事情がない限り、期間途中の解雇は無効であることを前提に話を進めなければなりません。

団交においては、解雇を撤回しないまでも、期間満了まで（上記の事例では2021年3月31日まで）の賃金の一部を補償するなどの提案をして、解決を図ります。

期間満了で雇止めを行った場合

次に、2024年4月1日から2025年3月31日までの雇用契約を結び、期間満了後に契約更新をしない場合はどうでしょうか。

期間の定めのある雇用契約は、その名のとおり一定期間経過すれば契約は終了します。2024年4月1日から2025年3月31日までの雇用契約を結べば、理論上は2025年3月31日で雇用契約は終了します。

契約終了後に更新しないのであれば、問題ないように思えますが、実際は契約終了を裁判所は認めず、会社に雇用するよう命じることがあります（法律上は従業員としての地位の確認を裁判所が命じることになります）。

2012年の労働契約法改正により、雇止めについての基準が法定化されました。以下の場合は、雇止めには客観的に合理的な理由が必要となります。

① 過去に反復更新された有期労働契約で、その雇止めが無期労働契約の解雇と社会通念上同視できると認められるもの（労働契約法第19条第１項）
② 労働者において有期労働契約の契約期間の満了時に当該有期労働契約が更新されるものと期待することについて合理的な理由があると認められるもの（労働契約法第19条第２項）

もっとも、条文を読むだけでは、いかなる場合に雇止めが無効になるかは明確ではありません。

厚生労働省の研究会は、右のとおり裁判例を分析して雇止めの考慮要素を挙げています（「有期労働契約の反復更新に関する調査研究会報告」2000年９月11日）。

このなかで重要なのは、①です。業務内容が正社員と同一であり、かつ正社員よりも賃金が低ければ、裁判所も期間の定めがあるという理由だけで雇用を失わせることに躊躇し、雇用継続に判断が傾きます。

すなわち裁判所は、「低賃金で正社員と同様の仕事を契約社員にさせておきながら、業績が悪ければすぐに契約を終了させてしまうのはおかしい」と考える可能性があります。

このように期間の定めのある雇用契約の雇止めにおいても、業務内容と賃金の条件が合致すれば、正社員と同様、解雇権濫用法理を類推適用することがあります。

また、団交で問題になることが多いのは、④「更新の手続き・実態」です。これまで雇用契約期間を自動的に更新していて、雇用契約の更新手続をまったく行ったことがないケース、永年にわたり契約更新を行いこれまで雇止めの実績がないケースなどは、雇止めが無効となる可能性が高くなります。

①　**業務の客観的内容**

従事する仕事の種類・内容・勤務の形態（業務内容の恒常性・臨時性、業務内容についての正社員との同一性の有無等）

②　**契約上の地位の性格**

契約上の地位の基幹性・臨時性（たとえば、嘱託、非常勤講師等は地位の臨時性が認められる）、労働条件についての正社員との同一性の有無等

③　**当事者の主観的態様**

継続雇用を期待させる当事者の言動・認識の有無・程度等（採用に際しての雇用契約の期間や、更新ないし継続雇用の見込み等についての雇主側からの説明等）

④　**更新の手続き・実態**

契約更新の状況（反復更新の有無・回数、勤続年数等）、契約更新時における手続きの厳格性の程度（更新手続の有無・時期・方法、更新の可否の判断方法等）

⑤　**他の労働者の更新状況**

同様の地位にある他の労働者の雇止めの有無等

⑥　**そ の 他**

有期労働契約を締結した経緯、勤続年数・年齢等の上限の設定等

もっとも、労働契約法第19条により雇止めに客観的に合理的な理由が必要であるとしても、基本的には、期間の定めのある雇用契約を結んでいるので、正社員の解雇に比べれば雇止めが有効であると認めら

れることが多くあります。

そのことは組合も知っていますから、話合いで解決する妥協点を探ってきます。会社としては、前ページの雇止めの考慮要素に該当する事実を説明しながら、解決金を提示するなどして解決を図ります。

雇止めをめぐる団交

団交は１回目からきちんと対処します。面談内容が録音されるのは当たり前と考えましょう。たとえば、「雇止めの理由は何ですか。今すぐ５分以内で言ってください」と迫られ、しどろもどろ回答したものでも録音されます。そして、将来訴訟に発展した場合は証拠として使われます。会社の担当者だけでなく、社会保険労務士、弁護士の発言も同様です。

団交では「どうして雇止めをしたのか」、「どうして不更新合意の契約書を提示したのか」など理由を聞かれますから、必ず言えるよう返答を準備しておきます。

言えない場合、無期転換を避けるために理由もないのに雇止めにした、と判断されます。

無期転換請求権をめぐるトラブルが増える

2013年に施行された改正労働契約法では、「有期雇用の労働者について契約を更新した結果、通算５年以上の勤続となるような場合、無期雇用に転換するよう求めることができる」という無期転換ルールができました。このルールは2013年４月１日以降に締結された有期雇用から適用され、既に無期転換請求権の行使が可能な労働者が現れてきています。

近年、無期転換請求権をめぐるトラブルは少しずつ増える傾向にあり、2024年４月からは無期転換申込権が発生する契約の更新時に無期転換申込機会と無期転換後の労働条件を明示することが必要となっています。今後、雇止め、無期転換に関連する案件は増えるでしょう。

無期転換請求権が行使されると、これまでの有期雇用契約が無期雇用契約になります。たとえば35歳の人が無期雇用に転換し65歳まで勤めると、30年間雇用が保障されることになるのですから、それを期待していたところに突然人事部長から「うちは無期雇用を認めない」「あなたは勤務態度が悪いので契約書どおり３月末で終わり」などと言われたら収まらないでしょう。

雇止めをめぐって争いとなった場合、無期転換請求権を金銭で買い取り、退職してもらうといったケースも増えるでしょう。

無期転換請求権が絡む案件は解決金の高額化も

これまで有期契約労働者の雇止めは給与２～３カ月分で解決するという認識でしたが、無期転換請求権のある労働者の案件では値上がりするでしょう。無期雇用が保証されると思っていた直前で雇止めを宣告されたら、大抵の人は怒ります。

私が担当した案件で、社長が「転職は普通にできるし、この会社にこだわる理由もないだろう」と簡単に雇止めにしてしまったところ、見込み違いだったというケースがあります。

この労働者は、「絶対に職場復帰したい」と繰り返し言い続け、そのうちに「自分が会社を立て直したい」などとおかしなことも言い始めました。そうしているうちに解決金が値上がりし、「こんなことを続けていたら大変だ」と慌てた社長は、結局３年分の年収を払いました。経営者は、そういうタイプの労働者であればあるほど、お金を払ってしまいます。

雇止めで気の毒な事例も当然ありますが、勤務態度の良くない社員が悪用する可能性もあります。その点心配ですが、会社はあまり危機感がありません。

問題は全員を無期転換したくないケース

企業からの無期転換に関する相談は２種類に分かれます。１つは「無期転換はまったく問題ない。有期雇用契約社員を全員、無期雇用契約社員にしたい」という相談で、もう１つは「一部の有期雇用契約社員は無期転換したいが、全員はやりたくない」という相談です。

問題になるのは後者です。「たしかに人手不足だけど、あの人とあと数十年お付き合いするのは厳しい」と考えて雇止めにすると、社員がユニオンに加入して抗議をしてきます。

多くは優良企業であることが多いです。「なぜうちがこんな目に遭うのか」と思うかもしれませんが、「優良企業なので長く勤めたい」という思いが社員にあります。

では、どうしたら予防できるでしょうか。確実に問題ないと考えられるのは、入社時に十分説明をし、毎年更新手続をし、全員例外なく５年以内で雇止めする場合です。ここまで徹底してればよいのですが、実際には人が足りなくて困っている企業が多いので、大手メーカー以外はできないでしょう。

無期転換をめぐるトラブル例①―就業規則不存在パターン

無期転換をめぐって争いになるケースは２つあり、１つ目がこの就業規則不存在パターンです。

小売業のＡ社は正社員約100名、契約社員（期間の定めのある雇用契約）50名を雇用しています。正社員の賃金は基本給プラス手当ですが、契約社員は日給制で賃金水準も正社員よりも平均３割低いものでした。業務内容は一部の正社員と同じです。

契約社員の中にもベテランの社員がいますが、Ａ社はうっかり、2013年４月１日の労働契約法改正後も漫然と契約を更新し続け、2013

年４月１日以降の契約締結から満４年経過するところで気づきました。慌てて雇止めしようとし、ベテランの契約社員数名と面談し、雇止めの通知をしましたが、彼らは労働組合に加入し、労働組合は、無期契約への転換を要求しました。特に雇止めの理由もないため、A社としては雇止めは撤回するつもりです。

ところが労働組合は、撤回だけでなく「就業規則に基づいて無期転換社員に正社員と同じ手当を支払え、退職金の受給資格を認めろ」と要求してきました。「それは労働契約法上明らかである、会社が要求を拒絶すれば、訴訟を起こす」とも述べています。

労働組合の主張することは本当なのでしょうか。A社には、就業規則が正社員のものと契約社員のものの２種類しかありません。

これが、就業規則不存在パターンです。

就業規則不存在パターンの対応

就業規則によりますが、無期転換社員になった場合、定年がなくなり、70歳、80歳まで働くことが可能になります。また、無期転換社員用の就業規則がない場合、正社員の手当を請求できる可能性があります。なぜなら正社員と無期転換社員は、中身は違いますが同じ無期雇用になるからです。

合同労組は、無期転換就業規則の不存在・不備を確実に指摘してくると思われます。

そうすると「無期転換社員にも手当を払え」「就業規則より低い労働条件は無効なので、就業規則が絶対だ」「法令より就業規則のほうが有利な条件は、全部就業規則にしろ」などと言ってくるでしょう。

名実ともに無期雇用を求められることは企業にとって正直厳しく、１人例外を認めると他の期間雇用者にも波及します。無期転換を求められてから無期転換社員向けの就業規則を作成しても遅いです。定年なしの無期雇用を定年ありの無期雇用に変えることは、不利益変更に当たるためです。粘り強く交渉し、定年ありの無期雇用を求めるしかありません。

なお、2024年４月から最初の労働契約締結より後に更新上限を新設・短縮する場合は、その理由を労働者にあらかじめ説明することが必要になりました。不更新合意も、契約の更新上限を新たに設けることになるため、説明することが求められるようになりました。

そのため、なぜ不更新合意を新たに締結するのか説明する必要があります。多くの場合、説明をしたと言えるためには書面による証拠が必要なので、書面による証拠が必要になります（**書式13・14参照**）。

無期転換をめぐるトラブル例②
―不更新合意パターン

２つ目の不更新合意パターンとは、次のようなケースです。

前述のＡ社と同様のケースで、2013年４月１日以降の契約締結から満４年経過するところで気づき、2003年から在籍している契約社員と面談し、「雇用契約は2018年○月末日で終了し、契約更新は行わない」との条項をいれた契約書にサインするよう求めたところ、契約社員は無言でその場でサインしました。

しかし、その後合同労組に加入し、会社に「不更新合意は無効であり、無期転換を求める」という要求書が送られてきました。

顧問弁護士には「不更新合意は有効だから交渉などする必要はない。訴訟では勝てる」と言われましたが、結局、裁判所に不更新合意は無効と判断されて多額の金銭を支払うこととなりました。

これが、不更新合意パターンです。契約書に不更新条項がありながら更新を繰り返した、雇入れから５年を超える直前の更新で不更新合意を結んだなど、いろんなパターンがあると思います。

不更新合意パターンの対応

合同労組からこのような要求が来たら対応には迷いが出ます。私で

書式13　不更新合意説明書

○年○月○日

○○○○殿

株式会社○○

契約更新について

当社は、○年○月○日から２度にわたり、貴殿との１年間の雇用契約を更新させていただきましたが、誠に申し訳ありませんが、今回更新する雇用契約（○年○月○日から○年○月○日までの雇用契約）を最後の契約更新とさせていただきます。

当社の大口取引先との契約解消に伴い、○年○月から当社の業務量が大幅に減り、当社の損益は来期から大幅な赤字となる予定です。現在、それに代わる取引先との取引を開始できるよう努力しておりますが、現時点で目処は立っておりません。

契約不更新について同意していただく場合は、慰労金○円をお支払いする予定です。総務部から今回更新する雇用契約書をお渡しいたしますので、ご検討よろしくお願い致します。

以上

書式14　不更新合意書

合意書

○（以下「甲」という）と、○（以下、「乙」という）は、甲・乙間の雇用契約の終了（以下、「本件」という）について、以下のとおり合意した（以下、「本件合意」という）。

1．甲と乙は、雇用契約期間（○年○月○日～○年○月○日）満了以降、雇用契約の更新をしないことを相互に確認する。

2．乙は、甲に対して、退職慰労金として○円（税引き後○円）を支払う。

3．乙は、前項の金員を、○年○月○日限り、甲の指定する銀行口座（○銀行○支店　普通　口座番号：○○○○、名義：○○○○）に振り込む方法により支払い、振込手数料は乙の負担とする。

4．○年○月○日時点における、年次有給休暇残日数については、乙は一日当たり○円で買い取り、甲に支払う。

5．甲と乙は、本件合意の内容及び本件合意に至る経緯について、第三者に口外しない。

6．甲と乙は、甲乙間には、本件について、本件合意に定めるもののほか、他に何らの債権債務の存在しないことを相互に確認する。

本件合意の成立を証するため、本書を２通作成し、甲乙各自１通ずつ保管する。

年　　月　　日

甲
(署名)

乙
(社印)

以　　上

あれば強気には出ません。金銭で和解したほうがよいと言います。ただ、合同労組も新しい問題なので訴訟には持ち込みたくない場合が多いとは推測できます。金銭で解決できるのであれば、金銭退職和解を目指しましょう。

合同労組から金銭の話がまったく出ない場合は、本気で無期雇用を目指しているので、訴訟になるか（訴訟で退職和解の可能性はある）、無期雇用を目指すか、早めに決断をします。

その後、どうやって無期転換雇用を考えるかは弁護士や社会保険労務士と相談して、対策を打ちましょう。

合意書だけでは不更新合意無効と判断されるリスクがある

最近の裁判所は、書面による合意の有効性を厳しく判断する傾向が強いので、「○年○月末で契約終了」「更新しない」などと書くだけでは不十分で、更新しない理由を説明しなければなりません。

ポイントは、会社の人事・期間雇用管理手法が無期転換逃れと見られるかどうかです。無期転換逃れのための契約書、文言と見られたら終わりです。採用時に「通算期間５年を超えて契約は更新しない」との文言が入った契約書を用意し、説明し、納得してサインしてもらっても万能ではありません。

不更新合意があるにもかかわらず、例外を多く認めて無期雇用に転換している場合、文言が効力を有しなくなる可能性が高くなります。

私の所属する法律事務所は労働事件で労働者側として関わることはありませんが、あるとき、障害者から無期転換に関する相談が来ました。大手企業に障害者雇用で入ったけれども、契約書を渡されたら不更新合意の文言が書いてあり、異を唱えたら「もう契約をしない」と脅かされたという内容でした。

このように社会的に選択肢のない人を追い詰めるのは良くありません。逃げ場がない人は闘うしかなくなります。会社側は面倒だなどの理由で書面で済ませようと考えず、必要に応じて面談することが重要です。

不更新合意を有効にするのはプロセス

一番紛争が起きやすいのは不更新合意です。文言だけでは有効になりません。気をつけるべきは紙の内容ではなく、プロセスをどう作りあげるかです。①「時期・時間」②「金銭」③「書面による説明」にポイントを置きます。

①　時間・時期

①の時間、時期とは考える時間です。考える時間を取ってあげるのです。切り出す時期は、早めがいいです。３月末に終わるような契約であれば、もっと早めに話をします。話をした後も「今すぐサインしてください」ではなく、「１週間後に返事をください」など時間を取ってあげるほうがよいです。考える時間があれば、転職活動もできます。友達に相談できます。いろいろ考えられます。そのための時間です。

ぎりぎりになって不更新合意を言って、サインしてもらい５年に満たない範囲で辞めてもらう。経営者にとっては一番都合が良いですが、労働者はそんなギリギリのタイミングで言われたら迷惑です。ですから時期も重要です。

②　金　　銭

②の金銭も、趣旨は①と同じです。たとえば、期間満了まで１カ月しかない労働者に３カ月分の給与を支払うことで不更新合意をしてもらうといったケースが考えられます。本来、労務提供を受けていないので給与を支払う必要はありませんが、お金は重要で、見方を変えると、労働者は４カ月考える時間を手にした、と考えることができます。「タイム・イズ・マネー」という言葉のとおりです。働かないで３カ

月生活ができるので心にも余裕ができます。このように、時間が足りなければお金です。

③　書面による説明

③の書面による説明とは、雇止め理由の説明です。こういう更新合意で書面による説明はあまりやらないと思いますが、どうせいつかは必ず問い詰められるのであれば、事前に考えたほうがいいです。殴り書きでよいので「雇止めする理由」を書き出してみてください。紙に書く意味は考えるためですが、思いのほか、出ないことに気づくでしょう。書面に書けない場合、諦めるのも１つの選択肢です。

以上挙げた３点に気をつけて話合いをし、きちんと考える時間を取ってサインしてもらうことです。

時間を取ることの重要さがわかる例として、本田技研工業事件（東京高裁平成24年９月20日判決）があります。同社はリーマン・ショックの時に生産台数が落ち込み、期間工に辞めてもらわなければならなくなりました。その際、説明会を開き、質問を受け付けるとともに、社員に検討するための時間を与えました。会社から説明を受け、家族とも話し合った社員は、不更新合意を結び、退職届を出しました。この間、文句や苦情、不平不満も言いませんでした。

同社の場合、リーマン・ショックの影響による経営不振で販売台数が激減し、Ｆ１撤退もすぐに発表していました。まさに非常事態で、客観的に雇止めもやむを得ないと判断できる状況でしたが、時間をかけたことも大きかったと思います。

派遣期間の途中解約――団体交渉申入れに派遣先は応じるべきか

派遣契約の期間途中で派遣契約を解約し、その結果、派遣元が派遣社員を解雇したところ、派遣社員が労働組合に駆け込みました。解雇撤回を求める団体交渉の申入れに、派遣先は応じなければならないでしょうか。

派遣元は、派遣労働者を直接雇用しているため、労働組合法第７条第２号（団体交渉拒否の条文）の団体交渉に応じなければならない「使用者」に当たりますので、団体交渉には応じなければなりません。

では派遣先は、労働組合法第７条第２号の「使用者」に当たるのでしょうか。

①　派遣先の使用者性に関する判例

この点について参考になる判例があります。「朝日放送事件判決」（最高裁平成７年２月28日判決・労判668号11頁）です。

放送会社からアシスタントディレクター、音響、照明など、放送関連の技術業務を請け負っている３社の従業員が、発注者である放送会社に団体交渉を申し入れたところ、雇用主でないことを理由に団体交渉を拒否した事件です。

判決では、「一般に使用者とは労働契約上の雇用主をいうものであるが、同条（著者注：労働組合法第７条）が団結権の侵害に当たる一定の行為を不当労働行為として排除、是正して正常な労使関係を回復することを目的としていることにかんがみると、雇用主以外の事業主であっても、雇用主から労働者の派遣を受けて自己の業務に従事させ、その労働者の基本的な労働条件等について、雇用主と部分的とはいえ同視できる程度に現実的かつ具体的に支配、決定することができる地位にある場合には、その限りにおいて、右事業主は同条の『使用者』に当たるものと解するのが相当である」としています。

これは、請負契約において、発注会社が派遣労働者の勤務時間の割り振り、労務提供の態様、作業環境を支配・決定していたケースです。派遣契約に類推して考えてみると、派遣先企業が派遣労働者の勤務時間の割り振り、労務提供の態様、作業環境を支配・決定していた場合は、派遣先企業は労働組合法第７条第２号の「使用者」に当たります。

通常の派遣契約において、派遣先企業が派遣労働者の勤務時間の割り振り、労務提供の態様、作業環境（セクハラ・パワハラ問題も含む）を支配・決定することが多いので、その限りにおいて団体交渉には応じたほうがよいことになります。

② 派遣契約の中途解約のケースにおける対応

ただし、現在頻出している問題では、勤務時間の割り振り、労務提供の態様、作業環境ではなく、中途解約に伴う派遣社員の地位にかかわるものです。

この場合も、団交に応じたほうがよいでしょうか。

派遣先企業が派遣契約を中途解約したことで、派遣労働者の雇用契約も終了したのだから、派遣先企業も労働条件を決定できる地位にあり、団体交渉に応じるべきではないかという見解があるかもしれません。

しかし、派遣労働者と派遣元企業の雇用契約、派遣先企業と派遣元企業の派遣契約は別のものです。派遣先と派遣元が解約し、結果として、派遣社員の雇用契約上の地位が影響を受けたとしても、派遣元が別の派遣先で働けるようにすることもあります。「派遣先と派遣元との契約の中途解約＝派遣労働者と派遣元企業との雇用契約の解消」ではありません。

したがって派遣先企業は、派遣労働者の労働条件等について、支配・決定できる地位にあるとはいえないと考えます。

ただし、理論上はそうであっても、組合の団交申入れをかたくなに拒絶することで、かえって紛争解決が難しくなる場合もあります。団交という形はとらなくても、派遣先企業が組合と話合いの機会を持つように努力したほうがよいこともありますので、注意しましょう。

業務受託会社（請負業者）の従業員の給与

バイク便、運転代行サービス、メンテナンス業など業務委託契約を結んでいる業界は多数あります。このような会社で業務委託者と給与をめぐるトラブルが発生することがあります。このとき、よほど独立性の高い個人事業主ならともかく、事実上1社専属で振られた仕事は断れない、シフト表に組み込まれている、などの働き方の場合は労働組合法上の「労働者である」という最高裁判決（最高裁平成23年4月12日新国立劇場運営財団事件、INAXメンテナンス事件）があり、ほとんどの場合、業務委託者は労働組合法上の労働者に当たることに注意が必要です。

労働組合法上の「労働者ではない」と団体交渉を拒否すると、ユニオンは存在を否定されたとして徹底的に争います。労働委員会に持ち込まれることは確実です。

多くの場合、業務委託という前提である以上社会保険にも未加入なので、ビジネスの根幹が崩れるおそれがあります。過去に裁判例がたくさんありますが、この労働者性で争うのは、非常に危険ですし、時代にも合っていません。身分の問題は金銭で解決すべきです。裁判所など第三者機関で判決をもらった場合は、影響が大きすぎます。

そこで、労働者性は認めないものの、団体交渉ではない「話合い」をするとよいでしょう。「話合い」をしたら労働者性を認めたことになるのではと心配する経営者がいますが、文書で法的見解を示したうえで話合いに臨めば、組合の担当者も意気に感じてくれることが多いでしょう。間違っても大上段に構えて「あなたは労働者ではない」などと言うと火に油を注ぐことになるので、注意してください。

別の視点で言えば、業務委託契約は非常に危険なので、できれば話合いと並行して雇用契約に切り替えたほうがよいでしょう。

業務受託会社（請負業者）の従業員の雇止め（解雇）

業務受託会社（請負業者）が従業員を解雇したところ、解雇された従業員が労働組合に駆け込み、業務委託会社（発注会社）にも団体交渉を求めてきました。

この場合、団交に応じなければならないでしょうか。

前述した朝日放送事件判決の判旨からすると、業務委託会社（発注会社）が、業務受託会社（請負業者）が雇用する労働者の勤務時間の割り振り、労務提供の態様、作業環境を支配・決定していた場合は、それが議題となる限りにおいて、業務委託会社（発注会社）は団体交渉に応じなければなりません。

最近は、労働組合が偽装請負状態であると主張し、業務委託会社（発注会社）に対し直接雇用を求めて団体交渉をするよう要求することがあります。直接雇用を議題とした団体交渉に、業務委託会社（発注会社）は応じるべきでしょうか。

そもそも、労働組合が労働組合員の直接雇用を求めた場合であっても、それは特定の組合員を採用せよと求めているに過ぎず、労働組合法第７条２号の「使用者が雇用する労働者」には当たらず、原則として団体交渉には応じる義務はありません。

また、パナソニックプラズマディスプレイ事件最高裁判決（最高裁平21年12月18日判決・労判993号５頁）は、労働者派遣法に違反したとしてもそれだけで労働者と業務委託会社（発注者）との間に雇用契約が成立するものではないと述べており、雇用契約が成立しているか否かは団体交渉を要求する段階では不明であり、労働組合が偽装請負であるから直接雇用関係が成立していると述べたからと言っても、それをそのまま鵜呑みにして業務委託会社（発注会社）が団体交渉に応じる必要はありません（2012年の派遣法改正による派遣先の直接雇用の申し込みみなしが認められた場合は結論が異なります）。

もっとも、労働組合が不当労働行為救済申立を行う可能性があるため、業務委託会社（発注会社）が団体交渉に応じたほうが、紛争の早期解決のためにはよい場合もあります。

その場合は、団体交渉の出席＝直接雇用関係の成立と言われないためにも、業務委託会社（発注会社）と業務受託会社（請負業者）との間で雇用契約は成立していないことを明確にしたうえで、紛争の早期解決のために団体交渉に出席することも一つの方法です。

雇止め問題対応で押さえておくべきポイント

☑ よほどの事情がない限り、期間途中の解雇は無効
☑ 業務内容と賃金の条件が合致すれば、正社員と同様、解雇権濫用法理が類推適用されることがある
☑ 派遣先企業が派遣労働者の勤務時間の割り振り、労務提供の態様、作業環境（セクハラ・パワハラ問題も含む）を支配・決定している場合、それらがテーマの団交には応じなければならない
☑ 原則として直接雇用を議題とした団体交渉に、業務委託会社（発注会社）は応じる義務はない

配置転換拒否に関するトラブル

裁判所は配転有効と判断する可能性が高い

ある出版社で「企画営業」として採用された社員は、いつまで経っても仕事を覚えず、営業成績はいつも最下位でした。

最近では営業先の取次や書店とのトラブルも多くなり、出入り禁止を言い渡されることも１度や２度ではありません。このまま会社の顔である営業を続けられると、会社の利益を損なうと判断した社長は、管理部門への配属を命じました。

ところが、社員は「企画営業で入社したのだから配転は契約違反だ。裁判に訴える」と強い口調で抗議してきました。また、「自分は組合員であるから組合の同意がなければ配転できないし、自分に対する配転は不当労働行為になる」と主張しました。

組合も団交では「営業職として入社したのであって、管理担当として入社したのではない」と述べています。この場合、どうしたらよいのでしょう。

①　配置転換は使用者に広い裁量が認められる

裁判所は、人材の配置については会社の裁量を広く認める傾向があります。

雇用契約は、労働者が労務を提供して、その対価として賃金を受給することから成り立ちます。

日本の場合、労務の提供の内容が限定されていないケースがほとんどです。使用者は包括的に労働力を買い上げて、その労働力に対して賃金を支払うことになります。そのため人事、業務命令について広い裁量を持ちます。

日本の裁判所は、解雇の有効性については厳しく解釈しますが、使用者が、いつ、どこで、何の仕事をさせるかについては、広い裁量を認めています。書面で職種を限定している場合は別ですが、そうでない場合はかなり広く裁量を認めます。

したがって組合員であろうがなかろうが、使用者は必要に応じて人事異動権を行使するべきです。組合員であるから異動、業務内容の変更を命じることはできないということはありません。もっとも、「人事異動には労働組合の同意が必要である」との労働協約がある場合は、労働組合の同意が必要となります。

このケースでは、当該社員の営業成績が悪かったこと、過去に管理部門から営業部門への人事異動を行った実績があったことから、裁判所が人事異動は有効と判断する可能性が高いと言えます。

②　配置転換が議題の団交における対応

この人事異動が不当労働行為に当たるという具体的事実はありませんが、組合が団交を申し入れてきた場合は、応じる必要があります。

団交では、人事異動の必要性について説明します。営業職に不適任であることは、具体的な過去の営業数値をもとに説明するべきです。

私はこれまで、人事異動の団交を比較的多くやっていますが、組合が人事異動自体を拒否したことはありません（応じたうえで訴訟を起こすことはあります）。組合も、拒否をしたら解雇になるとわかっています。人事異動権の前には、組合でさえも沈黙してしまうのです。

ある会社では、営業職の社員を工場の現場作業員に配置転換しました。組合は団交で、「パワハラである」「不当配転だ」「職種限定だ」「入社時に説明を受けていない」と主張しましたが、結局組合は諦めました。

ただし、問答無用でいきなり配置転換をするのではなく、団交を繰り返すなど、誠意を見せることが重要です。このケースでは人事異動の時期を２カ月くらい延ばし、その間は自宅待機扱いにして給料を全額支払っています。
何度団交を開催しても、会社と組合の意見が並行線をたどるのであれば、正式に人事異動を命じるべきです。組合も配転拒否を理由とした解雇は避けようとしますので、「異議をとどめて配転に応じる」と言って人事異動に応じます。

それでも配転を拒否し続けたらどうする？

正式に営業部門から管理部門への人事異動を命じられたにもかかわらず、それでも拒否し続けたらどうなるのでしょうか。
配転予定日に、この社員に営業の仕事に就労させないようにします。本人が無理矢理出社して、営業の仕事をしようとしたら、自宅待機を命じます。その際の賃金は100パーセント会社が負担してください。
そのうえで、会社は社員と面談を持ちます。社員は、面談を拒否し、団交で話したいと言うかもしれません。その場合は団交で人事異動に応じるよう説得します。
何度団体交渉を開催しても社員が人事異動に応じない場合は、普通解雇、懲戒事由によっては懲戒解雇を行うことになります。

配置転換拒否問題対応で押さえておくべきポイント

- ☑ 裁判所は、配置について会社の裁量を広く認める傾向がある
- ☑ 団交では、人事異動の必要性について説明する
- ☑ 組合も配転拒否を理由とした解雇は避けたい
- ☑ 本人が配置転換前の仕事をしようとしたら、自宅待機を命じて、就労させない

４ 三六協定に関するトラブル

「昇給しなければ三六協定は締結しない」と言われたら

ある空調メンテナンス事業者が、三六協定締結に向けて団交を行ったところ、組合は「昇給しなければ三六協定は締結しない。残業を拒否する」と主張しました。この業者の取引先は飲食店、工場などです。空調メンテナンス業であるため、飲食店や工場が休みのときが仕事となり、三六協定を締結していないと仕事になりません。

「三六協定」とは、労働基準法第36条の規定からとった略語です。労働時間は１日８時間、１週間40時間を超えて労働させることは禁止されていますが、例外として、この協定を所轄労働基準監督署長に提出した会社は、労働時間をオーバーしても罰せられません。逆に三六協定を結ばずに残業や休日労働をさせると、労働基準法違反となります。

この会社の従業員数は40名。社内に労働組合があり、従業員の過半数が加入しています。組合は「要求する昇給額を出さないなら、三六協定を結ばない（更新しない）、残業を拒否する」と言い出しました。三六協定を結べなければ、法定労働時間外労働を命じることができなくなります。

社長は頭を抱えています。話合いで解決できれば、何ら問題はありません。しかし話合いをしても歩み寄りをみせない、もしくは無理な条件と引き換えに三六協定を締結することを要求してきた場合、どうしたらよいのでしょうか。

無条件に労働組合等の要求をのまない

一度でも労働組合なり従業員代表なりの要求を三六協定の締結と引き換えにのんでしまえば、その後も三六協定の締結と引き換えにさまざまな要求を行う可能性が出てきます。

組合、従業員の要求が合理的なもので、三六協定と引き換えでなくとも受け入れが容易なものは問題ありません。しかし、企業経営に支障の出る要求、たとえば法外な昇給や人事権にかかわることなどであれば、三六協定の締結と引き換えであっても受け入れるべきではありません。

その一方で、労働基準法施行規則第6条の2第3項は、「使用者は、労働者が…（中略）過半数代表者として正当な行為をしたことを理由として不利益な取扱いをしないようにしなければならない」と定めています。使用者としては法を遵守しながら、どのように対応するべきでしょうか。

三六協定締結拒否は組合にとっても両刃の剣

使用者が、残業代を労働基準法もしくは（労働基準法以上の割増率を定めていた場合など）就業規則に定めたとおりに支払っていた場合は、結局三六協定締結拒否を行わないで終わる、もしくは三六協定締結拒否を行ってもすぐに締結に応じる可能性があります。

三六協定締結を拒否することで、当然のことながら残業代がまったく発生しなくなります。残業代をあてにして生計を立てている従業員も多くいる場合は、途端に労働組合や従業員の中で不満が出てきます。

場合によっては、組合の代表者を替えるという騒ぎにまで発展する可能性があります。そのため三六協定締結を拒否しても、労働組合や従業員をまとめきれずに、協定締結に応じることになります。三六協定締結拒否は、労働組合等にとっても、副作用の強い両刃の剣なのです。

法定労働時間の枠の配分は使用者の裁量

三六協定がなくても、休日を除き、１日８時間、週40時間の枠内であれば、いつ従業員を働かせるかは使用者の裁量に委ねられています。つまり、１日８時間、週40時間の枠内であれば、三六協定がなくともよいわけです。

業務量が現在の従業員で１日８時間、週40時間の枠を超える場合は、他の労働力（外注業者、派遣社員）を活用すればよいという発想に立って、対策を考える必要があります。具体的には、以下の方法があります。

①　振　　替

振替とは、労働契約上特定されている休日を事前に他の日に変更することを指します。事後の振替（代休）は、法定労働時間外労働を行った後に、代わりの休日を付与するに過ぎないので、三六協定がない場合は、そもそも法定労働時間外労働を命じることができず、代休はこの場合活用できません。

使用者の振替命令は、①就業規則や雇用契約に振替の根拠規定、手続規定があること、②毎週１日の休日を付与することを満たしていれば、行うことができます。

先の空調メンテナンス事業者のケースでは、休日に顧客の工場などに赴きメンテナンスの仕事を行うことが多いということなので、三六協定を結ばなくとも、事前に休日を振り替えることにより、顧客先での業務を行うことが可能となります。もっとも、１週の労働時間が40時間を超えないように気をつけなければなりません。

三六協定を締結していない状況で振替命令を行うと、権利の濫用であると労働組合は主張するかもしれませんが、具体的な業務上の必要性に基づいて振替命令が行われ、かつ振替命令が休日の直前に行われるなどの特段の事情がなければ、権利の濫用となることはありません。

② 始業時刻、終業時刻をずらす

早朝や夜間に突発的に業務が発生する場合など、通常の所定労働時間外に業務が発生する場合があります。このような場合は、始業時刻、終業時刻を変更することが有効です。１日８時間、週40時間労働の枠を守ればよいのですから、始業時刻、終業時刻を変更することで労働力の活用をすることは問題ありません。

就業規則上の根拠が必要となりますが、就業規則上に規定があれば、従業員にその都度同意をとる必要はありません。

③ 派遣社員等を活用することも可能

１日８時間、週40時間の法定労働時間外労働では、業務を遂行することができない場合は、外部の労働力を活用することも検討するべきです。派遣契約にもとづき派遣社員を受け入れた場合、派遣社員は自社の従業員ではないため、三六協定の適用を受けません。したがって派遣社員が法定労働時間外労働を行っても、三六協定違反にはなりません。

しかしながら、労働者派遣法第24条（職業安定法第20条の準用）により、「同盟罷業に対し、労働者派遣事業を行うのは違法ではないか」と労働組合等は主張するかもしれません。これについては、労働組合等が行う三六協定締結拒否は、「同盟罷業＝ストライキ」には該当しないため、このような批判は当たりません。そもそも三六協定がないため、法定労働時間外労働に対する労働の義務がないので、「同盟罷業」に当たりません。

④ 請負業者を活用する

業務そのものを請負業者に委託することも可能です。請負業者の従業員は、自社の従業員ではないため労働時間の規制が及ばないからです。もちろん、「労働者派遣事業と請負により行われる事業との区分に関する基準」（昭和61年４月17日労働省告示第37号）などは遵守する必要がありますが、三六協定未締結を理由に請負業者を活用しても問題はありません。

三六協定問題対応で押さえておくべきポイント

☑ 三六協定締結と引き換えに労組が条件を提示しても、無条件に要求をのんではいけない
☑ 法定労働時間内であれば、使用者の裁量で振替、始業・終業時刻をずらすことができる
☑ 労組が応じない場合は外部の労働力の活用も検討する

5 賃金カットに関するトラブル

賃金カットが議題の団体交渉への対処法

ある会社は不況の影響で客単価が下がり、売上がピーク時の７割まで落ち込み、10年ぶりの赤字となってしまいました。

今すぐ資金ショートを起こすことはありませんが、黒字に戻さないと銀行からの融資が受けられない可能性があります。経費の削減などは一通り行いましたが、未だ黒字化のめどは立ちません。

人手が余っているわけでもないので、人員削減もできません。給料を一律２割カットしたいと考えていますが、社内には従業員の３割が加入する労働組合があります。この場合、どのように対処すべきでしょうか。

① いつからどの程度の労務費を削減すると黒字になるのか計算する

雇用契約は、労務を提供する義務と、それに対し一定の賃金を支払う義務から構成されます。

繰返しになりますが、使用者が賃金を削減する場合、雇用契約上の一定の賃金を支払う義務を変更しようとしているわけですから、事前に労働組合に提案する必要があり、可能であれば合意して実施するべきです。

仮に組合と合意できなくとも、団交において協議を尽くす必要があります。

組合に提案する前に、会社はいくつか準備することがあります。

まず、どの程度の労務費削減が必要となるのか計算します。赤字から黒字に転換する必要があるのなら、いつからどの程度の労務費を削減すると黒字になるのか計算します。

労務費削減の金額が決まったら、それをどう実現するかを決めます。

賃金を削減する前に、賞与金額を前年度より削減したり福利厚生費を削減したりすることも考えます。賃金を削減するには、他の労務費を削減する必要があります。

賃金削減によって労務費の削減を図ると決まったら、その他に経費削減できないかを検討します。団交では必ず配当、接待交際費、役員報酬を削減したかが問われるので、事前に削減できる範囲でこれらを削減します。

賃金削減の前に踏むべき手順

- ☑ **組合に提案する前に必要な労務費削減の額を計算する**
- ☑ **賃金削減の前に他の労務費削減を実施する（賞与、福利厚生費）**
- ☑ **その他の経費削減を検討する（配当、接待交際費、役員報酬）**

①　賃金削減の幅

一般的に削減幅が１割を超えると、生活が厳しくなる従業員も出るといわれています。２割を超えると、家賃やローンが支払えず退職する従業員が増え、会社の業務が回らなくなるかもしれません。

一方で、賃金を削減しなければ会社が存続できない場合は、大幅な賃金削減も許される可能性があります。いずれにしても慎重に削減幅を決めなければなりません。

組合に賃金削減を提案する場合、①これまでの業績数値、②賃金削減しない場合の想定数値、③削減することのできる経費は削減したこ

書式15　就業規則改定のお知らせ

○○労働組合
○○○○　殿

就業規則改定のお知らせ

○年○月○日
○○株式会社
代表取締役　○○○○

○年○月○日の賃金削減の提案以降、当社は、従業員向け説明会を開き、貴組合との団体交渉を続け、従業員との個別面談も開催してまいりました。残念ながら、現時点で貴組合との合意には至っておりませんが、○年○月○日の賃金削減の提案以降、○○が起き、売上が減少するなどますます経営が苦しくなっております。このままでは、今年中に倒産するのは必至です。したがって、以下のとおり賃金削減を実施することといたしました。新就業規則（賃金規程）は、○年○月○日から、会社の掲示板にひもで吊しておきますので、ご確認ください。
新就業規則（賃金規程）の変更内容は以下のとおりです。

第●章　賃金削減について
賃金規程第○条　以下のとおり、従業員（パートタイマーは除く）の賃金をカットする。
1号　賃金削減開始日　○年○月○日から（○年○月末日支給分給与から）
2号　賃金削減内容
（1）　運転手（嘱託も含む）および事務職員（○手当・○手当を支給されている者）については基本給（日額基本給と所定労働日をもとに算出されたもの）の○％カット
（2）　事務職員（○手当・○手当を支給されていない者）についてはこれまでの総支給額（○年○月末日支給分を基準とする）の○％カット

以上

書式16　就業規則変更同意書

同意書

1　私は、株式会社○○代表取締役○○○○氏より、本日、私が勤務する○○株式会社の賃金規程が添付別紙のとおり改定されるとの説明を受けました。

2　この改定により、改定前の○手当が、改定後（○年○月○日から実施）には半額（○○円）となることを了承いたしました。

3　賃金規程の改定により、私の給与がどのように変化するかは、○年○月の私の給与明細を例に説明を受け、了承いたしました。

4　賃金規程の改定について、上記のとおり説明を受けその内容について承諾いたしましたので、本同意書に署名いたします。

○年○月○日

○○株式会社
代表取締役　○○○○　殿

住所：＿＿＿＿＿＿＿＿＿＿＿＿＿＿

氏名：＿＿＿＿＿＿＿＿＿＿＿㊞

賃金規程の改定に伴う給与の変化について

改訂前		改訂後	
基本給	○○円	基本給	○○円
○○手当	○○円	○○手当	○○円
⋮		⋮	

と、④このままでは会社の経営に支障が生じることを説明します。

これに対し、組合は、「賃金削減の必要性がない」と述べるかもしれません。同時に、「さまざまな経営資料を開示せよ」と主張するでしょう。賃金削減の場合は、賞与や賃上げの交渉よりも従業員に与える不利益は大きいので、役員報酬や接待交際費の類までも、求めがあれば開示する必要があります。

そのうえで、労働組合は「役員報酬を下げろ」「接待交際費を下げろ」など具体的な意見を述べてきます。

会社は、役員報酬を下げられないのであれば下げられない理由（たとえば役員が会社の債務を保証しているので、これ以上役員報酬を下げることは会社の信用を低下することにもつながるなど）、接待交際費を下げられない理由（顧客に対して贈答品を送る必要があるなど）を説明し、賃金削減案に同意してもらえるよう説得します。

組合が会社側提案に対案を出した場合（たとえば「ひとまず１年間のみ実施することにしてほしい」など）、会社は譲歩できるか検討します。

組合の対案に同意できない場合は、その理由を説明します。組合が対案を出さず、会社が説明を尽くしても同意しない場合は、やむを得ないので賃金削減案を実施します。

労働組合員については、就業規則を変更して賃金削減を実施します（**書式15**）。非組合員については、個別に説明し、賃金削減に同意してもらえるのであれば、同意書（**書式16**）にサインをしてもらった後、就業規則を変更し賃金削減を実施します。

就業規則の変更による労働条件変更

就業規則による不利益変更が有効であるためには、以下の要件を満たす必要があります（労働契約法第10条）。

①　変更後の就業規則を労働者に周知させる

従来は、労働者に周知させるだけでは足りず、労基署に届けないと就業規則は効力を有さないのではないかとの議論がありましたが、労働契約法の制定により労基署への届出は民事上の効力発生要件ではなくなり、立法的に解決されました。就業規則の周知とは、次の３つをいいます（労働契約法施行通達）。

> ・常時各作業場の見やすい場所へ掲示し、または備え付けること
> ・書面を労働者に交付すること
> ・磁気テープ、磁気ディスクその他これらに準ずるものに記録し、かつ、各作業場に労働者が当該記録の内容を常時確認できる機器を設置すること
> 等の方法により、労働者が知ろうと思えばいつでも就業規則の存在や内容を知り得るようにしておくこと

②　就業規則による不利益変更が合理的であること

労働契約法第10条により、労働条件変更を就業規則の変更により行う場合は、以下の要素に照らして、就業規則の変更が合理的であることが求められます。

> ア　就業規則の変更によって労働者が被る不利益の程度
> イ　使用者側の変更の必要性
> ウ　変更後の就業規則の内容の相当性
> エ　労働組合などとの交渉の経緯
> オ　その他の就業規則の変更に係る事情

とりわけアとイが重要であり、「就業規則の変更によって労働者が被る不利益の程度」と「使用者側の変更の必要性」の相関関係により、

合理性は決まることが多いといわれています。

たとえば、賃金を20％削減するなど「就業規則の変更によって労働者が被る不利益の程度」が大きい場合でも、固定費を削減しなければ資金繰りに行き詰まるなどの事情があるなど「使用者側の変更の必要性」が高い場合は、合理性が認められる可能性があります。

逆に一部の手当を数百円削減するなど「就業規則の変更によって労働者が被る不利益の程度」が小さい場合でも、会社の経営に余裕があり経費削減を行う必要性がないなど「使用者側の変更の必要性」が低い場合は、合理性が認められない可能性があります。

では、労働組合との合意は合理性の判断にどのような影響を与えるのでしょうか。

・第四銀行事件判決

第四銀行事件（最高裁平成９年２月28日判決・労判710号12頁）では以下のように判断されました。

> 定年延長（55歳から60歳）に伴って、賃金を大幅にダウンした事例（賃金が55歳時点で従来の６割に減るが、定年延長により総収入は200万円増額になる）であるが、本件就業規則の変更は、行員の約90％で組織されているＡ労働組合との交渉、合意を経て労働協約を締結した上で行われたものであるから、変更後の就業規則の内容は労使間の利益調整がされた結果としての合理的なものであると一応推測できる

このように労働組合と合意し労働協約を結んだうえで就業規則の変更により労働条件を変更した場合は、少なくとも合理性が肯定される可能性を高める重要な事情になります。

・みちのく銀行事件判決

一方、みちのく銀行事件（最高裁平成12年９月７日判決・労判787

号６頁）も、高齢層の従業員の賃金と退職金を大幅にダウンした事例（賃金が高齢者のみ４割程度減った）ですが（原告は少数組合に所属)、「多数労働組合が同意していても、不利益が大きい場合にはその同意を大きな考慮要素として評価することはできない」と判断しました。

したがって、不利益性が大きい場合には、労働組合の合意があっても、少数組合員、非組合員については合理性を推定することはできないとされています。

この事例の場合、第四銀行は定年が延長され不利益はある程度軽減されていたこと、50歳以上の行員についても６割が組合員で、その組合が同意したこと、みちのく銀行は高齢層の従業員のみが賃金と退職金をカットされ、組合員については優遇されていたこと、労働組合の合意は高齢層の従業員の利益を調整して行われたものではないことから、判断に差が出たといわれています。

もっとも、労働組合と合意をすれば、組合員については不利益変更は有効となるので、使用者としては労働組合と団体交渉を行い労働条件変更について合意を目指すべきです。

賃金の引下げには高度な理由が必要

賃金の引下げは、労働条件の変更に当たりますので、原則として引下げの対象となる従業員の個別同意が必要です（労働契約法第８条)。

社内に労働組合がある場合は、組合員については、会社と労働組合が労働協約を締結し、基本給を引き下げることが可能です。

会社が労働組合と労働協約を結ぶことができない場合は、就業規則を変更して基本給の引下げを実施することになります。

なお、非組合員の個別同意を得ることができなかった場合は、会社は就業規則を変更して賃金の引下げを実施することになります。

裁判所が会社の行った就業規則の変更に合理性がないと判断した場合は、変更後の就業規則は、個別同意をしていない従業員に拘束力を及ぼさなくなり、変更前の就業規則に基づいた賃金を請求することができるようになります。裁判所は、賃金、退職金の不利益変更については厳しい判断を示すことが多いため、注意が必要です。

手当の引下げには説得力のある資料を

手当も、基本給と同様に賃金に当たりますので、原則として引下げの対象となる従業員の個別同意が必要です（労働契約法第８条）。

会社が労働組合と労働協約を結ぶことができない場合は、就業規則を変更して基本給の引下げを実施することになります。

①　裁 判 例

日本ロール製造事件（東京地裁平成14年５月29日判決・労判832号36頁）を例に見ていきましょう。

これは、会社が経費削減のため、旅費の日帰り出張日当（2,000～4,000円）、営業職の外出時食事補助（400円）、時間外食事代（500円）、夜勤手当（600円）を廃止したケースです。労働組合はそれに反対し、労働組合に所属する従業員が訴訟を起こしました。

裁判所は、直前の決算で４億円の営業利益が生じていたこと、本来義務がない失効した年次有給休暇の日数に応じて手当を支給していることから、高度の必要性はないと判断しました。

また、手当といえども賃金に当たるため、労働者の受ける不利益は軽くはなく、削減には高度の必要性が必要であるが、この事案では高度の必要性はないと判断しました。

②　実務における対応

ですから、手当廃止の必要性を数字で説明できるようにする必要があります。なぜ手当を廃止する必要があるか、会社の決算指標などをもとに説明する必要があります。手当廃止の必要性を説明しない（できない）場合、訴訟において就業規則の変更に合理性がないと判断される可能性が高いでしょう。

これまでの実態と手当の金額が乖離しているか、データを示す必要があります。たとえば、夜食代をこれまで支給していたが、残業が大幅に減り、夜食が必要となる時間まで業務を行っていない、などの具体的な事実を示す必要があります。

団交は、当然行うべきです。会社が手当廃止・削減案を労働組合に提示し、組合の団交申入れを受けて行うことが多いと思います。実施時期から逆算して、十分な団体交渉を行うことのできる時期に労働組合に提案をする必要があります。

また、手当廃止・削減の対象となる非組合員にも説明し、同意書をとる必要があります。

賞与の減額

賞与は法律上、支給を義務づけられていません。労働協約、就業規則、労働契約などで支給額が確定した後、はじめて労働者は具体的な賞与請求権を取得します。

使用者が特定の金額を支払うと約束しているわけではないので、反対に言えば、従業員が特定の金額の賞与を受給する権利を有しているわけではなく、賞与を減額しても不利益変更には当たりません。

ただし、就業規則や労働協約において「賞与は基本給の○カ月分を支払う」との規定がある場合は、従業員は特定金額の賞与を請求する権利を有し、不利益変更が問題になります。

① 裁判例

ここでは、小暮釦製作所事件（東京地裁平成６年11月15日判決・労判666号32頁）を例に見ていきます。

この事件では、「賞与は、年２回、７月及び12月に支給する」という規定を根拠に、労働者は、特定の金額の賞与を請求できるかが問われました。

裁判所は「賞与は労働基準法第11条所定の労働の対価としての広義

の賃金に該当するものであるから、具体的な賞与請求権は、就業規則等において具体的な支給額又はその算出基準が定められている場合を除き、特段の事情がない限り、賞与に関する労使双方の合意によってはじめて発生する」と判断しました。

②　実務における対応

したがって、「賞与は、年２回、７月及び12月に支給する」との規定では、具体的な支給額またはその算出基準が定められていないので、特段の事情のない限り、賞与の削減は不利益変更に当たらないことになります。

労働組合が「賞与の削減は不利益変更である」と主張しても、就業規則や賃金規程が、具体的な支給額またはその算出基準を定めていない限り、そもそも賞与の削減は、不利益変更には当たらないと主張することができます。

⑥ 人事評価等の見直しに関するトラブル

職能資格等級の見直しに伴う降格

職能資格等級の見直しを行い、降格制度をつくり、降格制度に基づいて降格した場合、特に降格に伴って賃金の削減を行う場合は、不利益変更になります。

この場合も対象となる従業員が所属する労働組合があれば、降格制度を設けるにあたって労働組合の合意を得て実施する必要があります。労働組合の合意が得られない場合は、就業規則を変更して実施をする必要があります。

① 裁判例

ここでは、アーク証券事件（東京地裁平成８年12月11日決定・労判711号57頁）を例に見ていきましょう。

この事件では、職能給の減給を行うことができるとの規定が就業規則になかったため、新給与規程で、「昇給減給は社員の人物、能力、成績などを勘案して、第２条に定める基準内給与の各種類について、年１回ないし２回行う」という規定を設けました（第８条）。

この規定に基づいて、毎年査定を行いました。

原告Ａは、降格により、平成４年に60万円あった賃金総額が平成９年に28万円に、原告Ｂは54万円の賃金総額が21万円に減りました。

裁判所は、会社の経常利益は赤字となり、営業店舗の統廃合を実施し人員削減の措置を講ずるなどして人件費の削減に努めているので、必要性はないとはいえないが、さらにすすんで高度の必要性があるかどうかは不明であると判断して、降格制度の導入とその実施を無効と判断しました。

②　実務における対応

降格制度を新たに設けることについても、裁判所は厳しい態度で臨む可能性があります。労働者の不利益を緩和するためには、昇格・昇給制度を見直す制度設計において、降格事由、降格の限度を具体的に定めるなどして、労働者の不利益を抑える規定が必要でしょう。

また、労働者の不利益を軽減するために、昇格制度を変更し、能力の高い従業員が昇格しやすくなる工夫が必要です。

年俸制の導入

年俸制の導入自体は、労働条件の不利益変更に当たるのでしょうか。

賃金が下がれば不利益変更に当たると判断される可能性はありますが、年俸が上がる可能性もあり、年俸制の定めそのものは、不利益変更に当たらないと判断される可能性があります。

年俸制を新たに導入したこと自体が不利益変更であるとして、就業規則の不利益変更が争われた裁判例はありません。

組合が年俸制の導入自体が不利益変更に当たると主張した場合は、会社は、年俸制の適用によっては不利益になるとは限らず、不利益変更には当たらないと主張するべきです。

参考までに、労使間で年俸額について合意がなされず、会社が具体的に年俸額を決定した場合は、どうなるのでしょうか。

①　裁判例

日本システム開発研究所事件（東京高裁平成20年４月９日判決・労経速2022号）のケースで見てみましょう。

従業員が、一方的に年俸額を減額されたとして、従前の賃金との差額を請求したケースです。

例年、個人業績評価と非年俸者の改定基準表を参考にして役員が目安額を提示し、役員２人と本人が個別交渉して年俸額と支払い方法を決定してきましたが、従業員と同意せずに減額した暫定額を支給しました。

裁判所は「期間の定めのない雇用契約における年俸制において、使用者と労働者との間で、新年度の賃金額についての合意が成立しない場合は、年俸額決定のための成果・業績評価基準・年俸額決定手続・減額の限界の有無・不服申立手続等が制度化されて就業規則等に明示され、かつ、その内容が公正な場合に限り、使用者に評価決定権がある」と判示し、この件ではそのような制度化がされていないので、前年度の年俸額をもって次年度の年俸額とせざるを得ない、と判断しました（減額は無効と判断）。

②　実務における対応

年俸制であれば、会社が労働者の同意がなくとも年俸額を自由に決定できるわけではありませんので、年俸制を導入する場合も、「年俸額決定のための成果・業績評価基準・年俸額決定手続・減額の限界の有無・不服申立手続等が制度化」されている必要があり、かつ運用上も従業員の意見を聴きながら、業績、他の従業員との比較などをして、公正に金額を決定する必要があります。

成果主義賃金制度の導入

成果主義賃金制度を導入する場合も、一部の従業員の賃金が下がる可能性があります。

成果主義賃金制度を導入した際、従業員が就業規則の不利益変更であり、成果主義賃金制度の導入は無効であるとして、下がった賃金を支払うように請求する可能性があります。

①　裁 判 例

ここでは、ノイズ研究所事件（東京高裁平成18年６月22日判決・労判932号５頁）のケースを見てみましょう。

・職能資格制度から職務給制度への変更

会社は、職能資格制度に基づいて人事制度を運用していましたが、海外メーカーとの競争が激化し、売上、利益が減少していくなかで、競争力を上げるために人件費の配分を変えて労働生産性を高めようと考えました。

職能給は、原則として職能が下がらないことを前提に勤続年数に応じて結果として年功的に運用されることが多い制度ですが、会社は、職能資格制度を職務給制度に変えることにしました。

職務給とは、実際に担当する職務とその能力に応じた人事考課結果に基づく格付けによって賃金を決めるものです。この会社は職務給制度を用いることとし、会社の評価によって仕事と賃金が変わる制度を創設することとしました。

原告３名は労働組合を結成していましたが、それ以外の従業員は労働組合に加入していませんでした。

会社は、従業員代表者とは協議し、従業員代表者は、就業規則変更に最終的に合意しました。一方、原告３名が所属する労働組合とは合意に至りませんでした。原告３名が会社の行った就業規則変更が合理性を欠くとして、差額の賃金を請求する訴訟を提起しました。

・裁判所の判断―不利益変更性

職務給制度の導入によって有利にも不利にも作用する以上、不利益変更の問題ではないのでしょうか、それとも不利益を受ける可能性があるという意味においては、職務給制度の導入は労働条件の不利益変更に当たるのでしょうか。

裁判所は、「新賃金制度の下では、従業員の従事する職務の格付けが旧賃金制度の下で支給された賃金額に対応する職務の格付けよりも低かった場合や、その後の人事考課査定の結果従業員が降格された場合には、旧賃金制度の下で支給されていた賃金額より顕著に減少した賃金額が支給されることとなる可能性がある」として、不利益変更に

原告	導入前	導入後	差額
Aさん	331,800円	259,750円	−72,050円
Bさん	330,900円	299,450円	−31,450円
Cさん	311,200円	276,450円	−34,750円

当たると判断しました。

具体的にいうと、職務給制度の導入によって原告３名の基本給は上の表のように変更されました。最大約22%の減額となり、顕著な不利益を被る可能性がありますので不利益変更となると判断しました。

・裁判所の判断―変更の必要性

また、裁判所は、税引前損益が損失に転じたという経営状況から労働生産性を高め競争力を強化する必要があり、労働生産性を高めるために成果主義賃金制度を導入することについては、高度の経営上の必要性があったと判断しました。

成果主義賃金制度の導入により、従業員91名のうち14名は賃金が減額されましたが、77名は賃金が増額され、賃金総額は143万6,400円増額、所定内賃金は従業員１人当たり平均１万483円増額となりました。

・裁判所の判断―変更の合理性

裁判所は「本件賃金制度の変更は、従業員に対して支給する賃金原資総額を減少させるものではなく、賃金の原資の配分の仕方をより合理的なものに改めようとするものであり、また、個々の従業員の具体的な賃金額を直接的、現実的に減少させるものではなく、賃金額決定の仕組み、基準を変更するものである」と判断しました。

そのうえで、平等に給料が上がる可能性があるかどうか、人事考課査定に関する制度が合理的なものかどうかを判断しています。

一方で判決では、会社における人事評価制度は、本件給与規程の変更の合理性を判断するにあたり、人事評価制度の合理性として最低限必要とされるものは備えていると言うことができるとして、「最低限」合理的なものでよいと認定しています。

つまり、賃金原資総額が減少していない場合は、最低限度の合理的な制度であればよいと考えていることがわかります。

言い換えると、賃金原資総額が減少している場合は、変更の必要性としても労働生産性を高めようとするにせよ、成果主義の名の下に人件費を削減するという企業の本音が見えてくるわけですし、変更の必要性を厳しく判断することになるのではないかと思います。

この成果主義賃金制度では、１年目は新旧の制度変更にともなう差額を全額調整手当で支給し、２年目はその半分、３年目から調整給がゼロということになりました。

・結　　論

一審判決では、経過措置が「あまりに短く、減少額も急激であって代償措置としては不十分である」ということを合理性否定の理由としていました。

高裁は、「いささか性急なものであり、柔軟性に欠けるきらいがないとはいえない」が「それなりの緩和措置としての意義を有することを否定できない」と判断しました。これは要するに、成果主義賃金がきちんと根付いて公平な評価を行うためには時間がかかる、または一度下がった評価を、自己研鑽をして職務遂行能力を向上させるためにはある程度時間が必要となるということになり、経過措置が短いか長いかを問題にしているのだと思われます。

②　実務における対応

では、実務上留意する点は何でしょうか。

成果主義賃金制度を導入する場合、本件と異なり、総賃金原資をこれまでよりも削減した場合は、裁判所はより厳しく就業規則変更の合理性を判断することになりますので、総賃金原資を削減する高度の必要性を具体的に説明しなければなりません。

総賃金原資をこれまでと変えないか、もしくは総賃金原資をこれま

でよりも増やした場合、成果主義賃金制度導入にあたっては、

・客観的な基準による評価
・評価結果のフィードバック
・評価に対する苦情処理の窓口を設置する

などの配慮が必要です。

また、いきなり成果主義賃金制度を導入しても、成果や能力を向上させるのには時間がかかるので、十分な移行期間が必要になります。

この裁判例では、3年目からの完全導入を「いささか性急なもの」であると表現しており、成果や能力を向上させるために必要な期間をおいて、導入する必要があります。

退職金規程の見直し

退職金規程の見直しについて、裁判所は厳しい判断を示すことが多くあります。

まずは労働組合があれば、合意して退職金規程を変えるべきです。

① 裁判例その1

ここでは、朝日火災海上保険事件（最高裁平成9年3月27日判決・判時1607号131頁）を例に見ていきます。

営業譲渡により、2つの会社が事実上一つになった後に、組合と合意して、定年と退職金の支給率を引き下げました（定年は63歳から57歳に引下げ、退職金の支給基準率は、71.0から51.0に引下げ）。

労働組合員が、労働組合が会社と締結した労働協約は無効であり、これほど不利益を与える労働協約は自分には効力が及ばないとして訴えた事案です。

結論から言うと、「本件労働協約は、上告人の定年及び退職金算定方法を不利益に変更するものであり、昭和53年度から昭和61年度までの間に昇格があることを考慮しても、これにより上告人が受ける不利益は決して小さいものではないが、同協約が締結されるに至った以上

の経緯、当時の被上告会社の経営状態、同協約に定められた基準の全体としての合理性に照らせば、同協約が特定の又は一部の組合員を殊更不利益に取り扱うことを目的として締結されたなど労働組合の目的を逸脱して締結されたものとはいえず、その規範的効力を否定すべき理由はない」というものでした。

すでに述べましたが、労働組合と会社が合意すれば、不利益な内容でも裁判所は介入しません、というものです。

②　裁判例その２

前ケースと同じ朝日火災海上保険事件と呼ばれる事案ですが（最高裁平成８年３月26日判決・労判691号16頁）、こちらは非組合員が会社を訴えたもので、就業規則の不利益変更の有効性が争われた事案です。

裁判所は、変更前の退職手当規程に定められた退職金を支払い続けることによる経営の悪化を回避すること自体には高度の必要性があると判断しつつも、この従業員の方は57歳を過ぎていましたので、定年が57歳にまで下がったことで定年を迎えたことになり、定年を迎えたことで退職金請求が発生したにもかかわらず大幅に減額される（将来の期待権ではなく、現実に発生した権利を一方的に奪うことになる）ため、もっぱら不利益だけを受ける立場になる、再雇用の余地はあるものの定年が６年も早まり、不利益を受けることになり、その不利益は代償金（42万円）では到底埋めることはできないとして、結局、最高裁では無効と判断されました。

③　実務における対応

高齢者の退職金を削減することについては、かなりの配慮が必要です。退職金は賃金の後払い的性格を有するといえ、裁判所は退職金の削減について高度の経営上の必要性を求めるからです。

一方で、退職金削減の対象となる労働組合と同意ができれば、少なくとも労働組合員について、退職金削減が無効となる法的リスクはほとんどなくなります。

会社の解散・事業譲渡と不当労働行為

事業廃止に伴い全従業員を解雇

使用者が会社を解散・事業譲渡する行為が不当労働行為に当たると主張される場合があります。

また、使用者が労働組合活動を阻害するために、新会社を設立し新会社に非組合員を移籍させ組合員を全員解雇するなどの事例は昔からみられます。

結論から言えば、新会社を作って非組合員を移籍し、旧会社を解散させ組合員を解雇するなどの行為は、絶対にやめましょう。裁判になれば負けるのは確実で、体力のない中小企業であれば、それだけで倒産してしまいます。

ある物流運送会社は、経営不振に陥り多額の負債を抱えて事業継続が不可能となり、事業を廃止し解散することとしました。

しかし、物流運送の一部門である大型トレーラー部門は何とか利益をあげており、独立採算して事業を継続できそうです。

そこで物流運送会社は、別会社に大型トレーラー部門の事業を譲渡することとしました。別会社である譲受会社は、賃金等を切り下げた労働条件であれば従業員の一部を採用することを了解したため、物流運送会社は、希望者を譲受会社に就職斡旋することとしました。

ところが、物流運送会社には組合があり、一部の組合員は譲受会社に就職を希望しましたが、賃金等を切り下げた労働条件では合意できないという従業員がおり、当該従業員は譲受会社に就職することができませんでした。

やむなく物流運送会社は事業を廃止、全従業員を解雇しました。当該従業員は、物流運送会社に対しては解雇無効の訴え、譲受会社に対しては、雇用契約は承継されていると訴えを起こしました。
この訴えは認められるのでしょうか。

会社の解散について

会社は、株主総会決議により解散することができます（会社法第471条第3号）。その後、清算人が清算手続を行い、清算手続が終了すると法人格も消滅し雇用契約も終了します。もっとも、清算手続終了前に、一般的には、会社は従業員を解雇します。

では、会社解散の場合も整理解雇の4要素（142ページ参照）を考慮すれば、裁判所は解雇を有効と判断するのでしょうか。

使用者は憲法上、営業の自由を有し、会社を解散、営業を終了させる自由も有していると解釈されています。

裁判所は、会社が解散する場合の解雇については、多くの場合有効としています。たとえ解散の目的が、労働組合の解散であっても、偽装解散（新会社を設立し、新会社で実質的には同一営業を引き継ぐこと）でなければ、解雇を有効としています（東北造船事件、仙台地裁昭和63年7月1日決定・労判526号38頁）。

事業譲渡の場合

ここでいう事業譲渡とは、単に財産を譲渡するだけではなく、得意先関係等の経済的価値があるものなども譲渡することを指します。

具体的にいうと、タクシー事業を運営していた会社が、タクシー車両、会社所有不動産、売掛金などをともに譲渡することをいいます。

会社の解散・事業譲渡において、特に問題になるのが従業員の雇用です。

事業譲渡にともない、譲受会社は従業員の雇用を引き継がなければならないのか、引き継がなくてもよいのはどのような場合なのかが問題となります。

事業譲渡により雇用契約が承継されるのであれば、従業員は譲受会社で従業員として働くことができます。

では、そもそも事業譲渡における「事業」に、雇用契約は含まれるのでしょうか。これは、双方が雇用契約、雇用契約から生じる債権・債務を承継すると合意した場合には、それを承継します。

では、当事者が合意していない場合、雇用契約から生じる債権・債務は譲受人に承継されるのでしょうか。

最近の裁判例は、事業譲渡において雇用契約から生じる債権・債務を当然に承継することはないという立場に立っています。

中労委（青山会）事件（東京高裁平成14年２月27日判決・労判824号17頁）も「営業譲渡の場合、譲渡人と被用者との間の雇用関係を譲受人が承継するかどうかは、原則として、当事者の合意により自由に定め得るものと解される」と判示しています。

雇用契約を承継しない場合は、契約書において、雇用契約から生じる債権・債務を承継しないとの特約を設けておく必要があります。

①　雇用契約の承継について記載がない場合

事業譲渡契約において、雇用契約を承継するか否か、雇用契約の承継について何ら記載がなかった場合はどうでしょうか。

特に明確な合意がない場合は、譲受会社はどのくらいの割合で譲渡会社の従業員を採用したか、譲受会社の採用の基準は何かなど、具体的事実をもとに、裁判所が合意の内容を認定することになります。

譲受会社の採用の基準が不明確である場合には、すべての従業員を承継する旨の合意がなされたと認定される可能性もあります。

タジマヤ事件（大阪地裁平成11年12月８日判決・労判777号25頁）では、事業譲渡契約において、雇用契約を承継するか否か、雇用契約の承継について何ら記載がありませんでした。それでも裁判所は「譲渡の対象となる営業には、これら従業員との雇用契約をも含むものとして事業譲渡がなされたことを推認することができる」と判断しました。

②　特定の労働組合員のみ雇用を引き継がない合意がある場合

特定の労働組合員の雇用関係は引き継がないが、非組合員の雇用関係は引き継ぐと合意し、譲受会社が非組合員のみを雇用した場合はどうでしょうか。

労働組合法では、使用者は、労働組合員であることや正当な労働組合活動を行ったことを理由として、不利益に取り扱ってはならないと定めています。

裁判所は、特定の組合員のみを組合員であることなどを理由にあえて採用しなかったのであれば、この合意は、譲渡会社と譲受会社が、組合や組合員を嫌悪し、排除したとみるでしょう。「不採用は労働組合法に違反し、かつその点を除けば実質は全ての従業員の雇用関係を承継したに等しいので、特定の労働組合員は譲受会社において従業員としての地位を有する」と判断しています（中労委（青山会）事件、東京高裁平成14年２月27日判決・労判824号17頁）。

新会社設立の場合

別会社に事業譲渡をして会社を解散した場合、譲渡会社と譲受会社が実質的に同じであるとして、会社解散に伴う解雇は無効、譲受会社に雇用は承継されるべきであると、争われる場合があります。

①　譲渡会社と譲受会社の実質的同一性

譲渡会社が解散しても、解散後譲受会社が同じ経営者によって、同じ事業を営んでいる場合は、譲渡会社と譲受会社が実質的に同じであるとして、譲渡会社における解雇が無効とされるケースがあります。

前述したように、会社解散に伴う解雇は有効ですが、形式的には会社が解散していても、実質的に別会社で同じ経営者が同じ営業を行っている場合は、整理解雇のいわゆる４要素に照らして有効性が判断され、人員削減の必要性に欠けるとして解雇が無効となります。

実質的同一性は、事業内容、資本、取締役などの経営者、会社施設の同一性などをもとに判断します。

実質的同一性が認められる場合、認められない場合の区別は一概には言えません。譲渡会社と譲受会社の取締役、株主が共通でも、従業員や業務がまったく別個のものとして区別され、事業所が別である場合に実質的同一性が否定された例があります（板山運送事件、名古屋地裁平成17年４月19日判決・労判899号76頁）。

② 譲受会社における雇用契約の承継

では、譲渡会社と譲受会社に実質的同一性はないものの、譲受会社が特定の従業員のみ採用しなかった場合はどうでしょうか。

前述のとおり、組合活動などを理由に特定の組合員のみを排除する場合は、実質はすべての従業員の雇用関係を引き継いだものとして扱われ、不採用は無効となり、特定の労働組合員も譲受会社において従業員の地位を有することになります。

一方、一部の従業員が、譲受会社が提示する労働条件に同意しない場合は、「営業譲渡の場合、譲渡人と被用者との間の雇用関係を譲受人が承継するかどうかは、原則として、当事者の合意により自由に定め得るものと解される」ので（中労委（青山会）事件、東京高裁平成14年２月27日判決・労判824号17頁）、譲渡会社は当然のことながら、譲受会社が提示する労働条件に同意しない従業員を採用する義務はありません。

設例の物流運送会社の解散・解雇は有効か

262ページの物流運送会社が解散し、事業廃止にともない全従業員を解雇することは、有効です。

ただし、労働組合を嫌悪し、特定の組合員を排除する目的で、形式的に会社を解散し、新会社（譲受会社）で実質的に同じ事業を営む場合は、解雇は無効となります。

物流運送会社と譲受会社が実質的に同一性を有している場合、譲受会社は従前の会社の従業員の雇用関係をそのまま承継しなければなりません。

物流運送会社と譲受会社が実質的に同一性を有しない場合、譲受会社がどのような従業員をいかなる労働条件で採用するかは、物流運送会社と譲受会社の合意に基づいて決められるので、物流運送会社の全従業員を採用する義務はありません。提示する労働条件に同意しない従業員は採用しなくてもよいのです。

もっとも、特定の労働者を組合活動をしたことを理由に排除する場合、そのような合意は無効で、譲受会社は譲渡会社の雇用関係をそのまま承継しなければならなくなります。

第７章
労働組合との上手なつき合い方

本章では、労働組合と適切な関係を保つために許容すべき部分、許容すべきでない部分など、具体的な実務上の対応を解説します。

便宜供与をどこまで許すか

労働組合法第７条第３号は、使用者が労働組合に対し、一定の例外を除いて便宜供与することを禁止しています。第１章の支配介入の禁止（39ページ参照）でも述べましたが、「どこまで許すか」が重要なポイントになってきます。

組合掲示板の設置について

組合から「組合掲示板を貸与せよ」との要求を受けることがあります。

かつて、会社正門内でビラ配りをした社員を懲戒処分したケースがありましたが、最高裁は懲戒処分は無効であるとの判断をしました（住友化学工業事件、最高裁昭和54年12月14日判決・判時956号114頁）。時と場所によっては事業場内のビラ配りに対して懲戒処分をすることはできません。

そこで「ビラ配りを禁止する代わりに、組合掲示板の設置を許可する」ことを団体交渉で合意しました。自由に配られたビラが社内に放置されると、会社の秩序が乱れます。経営陣の悪口を書いた紙が、お客様の目に触れる可能性もありました。そうしたことが組合掲示板の設置によってなくなったのです。

また、使用者と労働組合が、**書式17**の文例のとおり、労働協約において掲示板の撤去要件を合意して定める場合があります。

この場合、労働組合が撤去要件に該当する行為を行った場合に（会社を誹謗中傷した場合など）、使用者が労働協約に基づいて撤去できるかどうかが問題となります。

裁判例のなかには、形式的に撤去要件に該当する行為を行った場合でも、掲示内容、掲示場所、会社運営に与える影響などを考慮して、

書式17　組合掲示板の貸与および利用に関する協定

組合掲示板の貸与および利用に関する協定

株式会社○○（以下、「会社」という）と、○○労働組合（以下、「組合」という）とは、労働組合法の趣旨に従って円満な労使関係を維持する目的で、会社は組合に対し、次のとおり、組合掲示板を貸与する。

第１条　会社は組合の要求により、組合員が在籍していることを確認できた事業所に90㎝×60㎝を限度とした組合掲示板を１カ所設置して、これを組合に貸与する。

> ※サイズを具体的に指定するべきです

第２条　組合は、組合掲示板以外には、一切掲示、貼付をしてはならない。また、会社施設内で文書を配布してはならない。

第３条　組合掲示板の設置場所は業務上支障がなく、かつ、部外者の目に触れないところとする。

> ※具体的に設置場所を特定できるのであれば、特定するべきです

第４条　会社は業務の都合により、組合掲示板の設置場所を変更することができる。

第５条　組合が会社に対し、事業所に組合掲示板の貸与を求めるときは、掲示板の貸与を求めようとする事業所に組合員が在籍することを立証するものとする。組合は、組合員が在籍しなくなった事業所が発生したときは、その都度遅滞なく会社に申し出るものとする。なお、会社は組合員が在籍しなくなった事業所で貸与した組合掲示板を撤去することができる。

※時間が経つにつれ、組合員が当該事業所に在籍しなくなることも想定されます。組合員が在籍しない場合は、組合掲示板を貸与する必要性もなくなりますので、上記のとおり、組合員の在籍を要件として貸与することも可能です

第6条　次の各号に該当する文書等を掲示または持ち込んではならない。

(1)　会社の信用を失わせるもの、またはそのおそれがあるもの。

(2)　会社や個人を中傷、誹謗したり、侮辱したり、会社や個人の権利を侵害したり、またはそのおそれがあるもの。

(3)　事実を歪曲したり、他の人をしてこれを煽ったり、事実と違う印象を与えたり、またはそのおそれがあるもの。

(4)　職場の秩序を乱し、またはそのおそれのあるもの。

(5)　いたずらに労使関係を悪化させる表現、またはそのおそれがあるもの。

(6)　政治、または宗教問題に関するもの。

(7)　その他上記の各号に準ずるもの。

※実際に上記条項に当たるかどうかは、条項自体が抽象的で判断が難しく、組合の行為が上記条項に該当するかどうかは慎重に判断する必要があります

第7条　組合は、文書を掲示する行為を労働時間外に行うものとする。

※労働組合活動は、あくまでも就業時間外に行うべきです

第8条　組合が本協定に違反したときは、会社は組合に対して掲示物の撤去を求めることができ、組合がこれに応じない場合、会社は掲示板の利用を禁止し、かつ、掲示板を撤去することができる。

※208ページに記載のとおり、裁判例のなかには、形式的に撤去要件に該当する行為を行った場合でも、掲示内容、掲示場所、会社運営に与える影響などを考慮して労働組合活動として許容される範囲を逸脱していないのであれば、違法となるとの判断を示したものもありますので、掲示板の撤去については慎重に判断する必要があります

第9条　本協定の有効期間は、双方調印の日から1年間とし、期間満了の1カ月前までに、会社、組合双方、またはいずれか一方から書面による変更協議、または廃棄の申出がない場合は、さらに1年間延長するものとし、以後も同様とする。

※労働協約には期間を設けるべきです。期間を設けない場合には、労働組合と合意したうえで解約するか、労働組合法第15条第３項に基づき解約するしかありません

2　前項の書面による変更協議の申出があった場合は、会社および組合はこれに応じ、誠意をもって協議しなければならない。

3　前項の場合は、第1項の期間満了後2カ月間は本協定の効力が継続するものとする。

※協議が不調に終わり労働協約の期間が経過しても、すぐに労働協約を失効させるのではなく、労働協約の期間経過後も労働協約の効力を継続させ、その間協議の余地を残しておいたほうが実務上得策であることが多くあります

以上

○年○月○日

株式会社○○
代表取締役　○○○○
○○労働組合
執行委員長　○○○○

労働組合活動として許容される範囲を逸脱していないのであれば、違法という判断を示したものもあります（東京高判平成19年８月28日判決・労判949号35頁）。

したがって、労働組合が会社を誹謗中傷したとしても、すぐさま撤去要件に該当するとして、掲示板を撤去する行為は違法と判断されるおそれがあります。

まず労働組合と協議し、撤去要件に該当する行為について抗議します。それでも改めない場合は、会社は組合が自発的に掲示板の掲示内容を変更するか、掲示板を撤去するかを求めます。

実際には、組合掲示板は設置しても使われないことが多いようです。使われたとしても、上部団体からの機関紙を貼る程度の場合も多いです。

組合事務所を貸与する場合

使用者が、労働組合に組合事務所を無償で貸与することがあります。原則として要求があった場合でも、断ることは問題ありません。

組合は「会議室を一つ貸してほしい」と言ってきますが、「仕事で使うので貸せない」と答えて問題ありません。「空いている会議室があるじゃないか」と言われたら、「会議室はいつ使うかわからない。だから貸せない」と答えます。

貸与しても問題はありませんので、場所に余裕があれば貸与を許可してもよいのですが、その際は、必ず書面で貸与契約の協定を結びます（276ページ**書式18**参照）。

問題となるのが、組合事務所の「明け渡し」です。

裁判例では、組合事務所の貸与契約（協定）に期間の定めがない場合、使用者に組合事務所の明け渡しを求める具体的必要性が存在するか（組合事務所の明け渡しが組合弱体化を目的とした不当労働行為か）、代替の組合事務所を使用者が用意しているか否か等を考慮し、使用者に正当事由が認められれば、組合事務所の貸与契約（協定）の解除を認めています。

言い方を変えれば、一度使用者が組合事務所を貸与すれば、以後使用者は、具体的な必要性が存在し、かつ代替事務所を用意するなどしなければ明け渡しを求めることができなくなる可能性があります。

もちろん、組合が組合事務所の貸与契約（協定）の合意解除事由に該当する行為を行った場合は、使用者は組合事務所の貸与契約（協定）を解除することができます。

組合費を給料から天引き（チェックオフ）しなくてもよい

「チェックオフ」とは、労働組合と使用者との協定に基づいて、使用者が組合員である労働者の賃金から組合費を控除して、それらを一括して組合に引き渡すことをいいます（菅野和夫『労働法』（第13版）968頁）（278ページ**書式19**参照）。

簡単に言えば、組合費を給料から天引きするということは、会社の経理部がまとめて組合に組合費を渡すということです。

組合費を回収するのは組合の責任。会社がそれを手助けするかどうかは会社の自由。経理担当者の負担が増えて困るのであれば、天引きする必要はないでしょう。

少し詳しく説明すると、当該事業場の過半数の労働者で組織されていない労働組合は、使用者とチェックオフ協定を締結することはできないと解されています。使用者は、労働基準法第24条第１項本文により、賃金を直接全額支払わなければなりません。

労働基準法第24条第１項ただし書は、事業場の労働者の過半数で組織する労働組合がある場合は、その労働組合との協定を結べば使用者が労働者に直接賃金を支払う必要はないと規定しています。チェックオフの場合も形式的には賃金全額払いの原則に違反するため、過半数労働組合との協定が必要だからです。労働組合員が事業場の労働者の過半数に達していないということを理由にチェックオフを断ることも可能です。

組合事務所の貸与および利用に関する協定

株式会社○○（以下、「会社」という）と、○○労働組合（以下、「組合」という）とは、労働組合法の趣旨に従って円満な労使関係を維持する目的で、会社は組合に対し、次のとおり、組合事務所を貸与する。

第1条　会社は、組合に対しその組合事務所として、会社の○○の○○の一部を無償で貸与する。

※無償で貸与することがポイントです。有償で貸与した場合は、組合事務所の貸与の法的性格が賃貸借となり、借主である労働組合に強い権限を認めることになります。そのため、通常、使用者が労働組合に組合事務所を貸与する場合は、無償で貸与します

第2条　会社は机、椅子各2個を組合に無償で貸与する。その他の什器、備品は、組合が自己の費用でこれを備えつける。

2　組合は、組合事務所の使用に伴う光熱費その他一切の費用を負担し、当該使用月の費用を翌月末日までに現金をもって会社に支払うものとする。

※組合事務所を無償で貸与するとしても、備品類等まで会社が無償で貸与する必要はありません。光熱費についても、労働組合が負担することとしても、何ら問題はありません

第3条　組合は、この使用権を譲渡、転貸してはならない。

※いつの間にか他の労働組合・地域ユニオンなどが組合事務所を使用している場合もありますので、この条項を入れておくべきです

第4条　組合は善良な管理者の注意をもって、衛生、防犯、防災等貸与室の維持管理に努めなければならない。

2　組合は、貸与室に消火器を備え置くとともに、火元責任者を決め、会社に通知する。

3　組合は、貸与室に寝泊まりや、煮炊きしない。

4　組合は、貸与室に衛生、防災上等好ましくない物を持ち込まない。

第5条　会社は衛生、防犯、防災、救護、建物保全のため必要

ある場合、組合の同意を得て貸与室に立ち入ることができる。

※衛生、防犯、防災、救護、建物保全の目的以外に、労働組合の許可なく組合事務所に立ち入った場合は、支配介入に当たる可能性があります

第６条　貸与室、その付属物件その他を毀損した場合は、組合は会社に対し、直ちにその旨通知しなければならない。

２　会社はその被った損害の賠償を、組合に求めることができる。

第７条　組合が貸与室を使用する必要がなくなった場合は、組合は直ちに会社に返還する。

第８条　組合がこの契約に違反した場合は、会社は組合にその旨通告し、この協定を解除することができる。

第９条　会社は○○としての使用を再開するなど、正当な理由により、組合に相当の期間の予告をもって返還を求めることができる。

※このような条項を設けて、かつ具体的な組合事務所を明け渡させる必要性が存在しても他に組合事務所を貸与するなどの代替措置をとらないと、組合事務所の明け渡しが認められない場合があります

第10条　この協定の有効期間は、双方調印の日から１年間とし、期間満了の１カ月前までに、会社、組合双方、またはいずれか一方から書面による変更協議、または廃棄の申出がない場合は、さらに１年間延長するものとし、以後も同様とする。

２　前項の書面による変更協議の申出があった場合は、会社および組合はこれに応じ、誠意をもって協議しなければならない。

３　前項の場合は、第１項の期間満了後２カ月間は本協定の効力が継続するものとする。

以上

○年○月○日

株式会社○○
代表取締役　○○○○
○○労働組合
執行委員長　○○○○

書式19　チェックオフ協定書

協　定　書

株式会社○○（以下、「会社」という）と、○○労働組合（以下、「組合」という）が協力して、円満な労使関係を維持する目的として、下記のとおり組合員の組合費チェックオフについて協定する。

記

第1条　会社は、次の手続きを経た組合員の組合費の引去りを行う。

(1)　組合は組合加入者名簿を添えて会社に通知する。

(2)　会社は組合から通知のあった組合加入者に対し、組合費引去り承諾書の提出を求める。

※組合員を明らかにしない労働組合も存在しますが、当然のことながら、その場合はチェックオフを行うことはできません

2　会社は、前項の(2)の承諾書の提出を受けた日が当該月の末日までの場合は当該月の給与支払日から、1日以降の場合はその日の属する月の翌月の給与支給日から、組合費の引去りを開始する。

第2条　会社は、組合員から会社に対し組合費の引去りを止めるよう申出があった場合および退職者が生じた場合は、組合に速やかに通知し、合意のうえ組合費の引去りを止める。

※判例は、個々の組合員がチェックオフの中止を申し入れれば、使用者はチェックオフを中止しなければならないという立場です。ただし、使用者は労働組合とチェックオフの協定を結んでいる以上、組合員がチェックオフの中止を申し入れたとしても、ただちにチェックオフを中止するべきではなく、組合に通知し、組合と協議の機会を設け、組合と合意のうえでチェックオフを中止するべきです。本当に

組合員がチェックオフを中止してほしいのであれば、組合を脱退することも可能ですので、直ちにチェックオフを中止する必要はないと考えます

第３条　会社は、次の者について休職または休業の期間中、組合費の引去りを中止する。

⑴　就業規則第○条により休職を命ぜられ無給となった者。

⑵　就業規則第○条第○項による育児および介護休業者。

２　会社は、前項に該当する者が生じた場合、組合に通知する。

※休職または休業の期間中は、賃金が発生しないためです

第４条　会社は、毎月の給与から引去った組合費を支給日に一括して組合に支払い、その引去り額を毎月の給与明細書に記載して、各組合員に通知する。

第５条　会社は、組合員からの第１条ないし前条にかかる問い合わせ、苦情等に対処するほかは、組合および組合員に対し、一切の責任を負わない。

第６条　本協定に疑義が生じた場合、会社と組合とは誠意をもって協議する。

第７条　組合が本協定の目的および条項の定めに違反した場合は、会社は、いつでもこの協定を破棄し、直ちに組合費の引去りを廃止する。

第８条　この「契約」の有効期間は、双方調印の日から１年間とし、期間満了の１カ月前までに、会社、組合双方、またはいずれか一方から書面による変更協議、または廃棄の申出がない場合は、さらに１年間延長するものとし、以後も同様とする。

以上

○年○月○日

株式会社○○
代表取締役　○○○○
○○労働組合
執行委員長　○○○○

就業時間内の組合活動は原則認めない

労働組合によっては、組合活動のための休暇や離席を認めるよう、使用者に求めてくることがありますが、最も避けたいのが、書面による合意もなしに、なし崩し的に組合休暇をとったり就業中に離席したりするのを許すことです。

一度許してしまうと、それが当然のようになり、本業に支障が出る場合もあります。

たとえば、合同労組の幹部が就業時間中に社内の組合員に書類を渡しに来たり団体交渉の打ち合わせに来たりするのを、長年黙認していた会社がありました。受付事務員もよくわからずに愛想良く応接室に迎え入れていました。

社長が代わり「それはおかしいのでやめてほしい」と言ったら、「労使慣行として長年認めてきたじゃないか」とトラブルになったケースがあります。

こうならないよう、最初からキッパリ断ります。そうでなければ書面によって可能な範囲を決める必要があります。

断る際には、「当社には人員上の余力はなく、組合休暇・離席を認めることはできない。年次有給休暇などを使用して労働組合活動を社外で行ってほしい」というように、認められない理由を明確にします。

また、仮に使用者が組合休暇・離席を認める場合であっても、休暇・離席の1年当たりの回数、休暇・離席の許可制、許可事由、許可手続、休暇・離席期間が無給であることを明記して協定を結ぶべきです。

もし、すでに就業時間内に組合活動が行われているなら、なるべく早くに「時間外に外で会ってほしい」という文書を出し、団体交渉して、組合と合意する必要があります。一方的に禁止したり懲戒処分にしたりすると、不当労働行為、組合活動妨害などと言われる可能性があります。

2 勤務態度の悪い労働組合員への対処法

口頭での注意、文書での注意

労働組合員であるからといって、何をしても許されるわけではありません。上司の言うことを聞かない、顧客とトラブルを起こす、勤怠不良であるなどの場合、適切な対処が必要です。もちろん、真面目に働かない非組合員についても同様に対処します。

①　口頭で注意する

口頭で注意をするときには、メモを残してください。できれば手書きで、いつ、誰が、どこで何をしたか、それに対してどのような注意をしたかを書き残しましょう。パソコンを使ってもよいですが、「加筆・変更した」などと後々言われないために、手書きメモの方が望ましいでしょう。

②　文書で注意する

口頭で注意しても効果がない場合、文書で注意します。この場合も、いつ、誰が、どこで、何をしたのか、詳細に記載したうえで注意します。

文書による注意を行うと、労働組合が「不当労働行為である」と抗議する場合がありますが、注意するに足りる具体的事実があり、非組合員も同様に扱っていれば不当労働行為にはなりません。

異動には細やかな配慮が必要

真面目に仕事をしない場合、環境を変えるために異動をすることも有効です。異動を行う際には、積極的な理由があったほうがよいでしょう。

積極的な理由がないからといって無効となるわけではありませんが、「過去に経理業務で適性を発揮したことがあるので、外回りの営業よりも、内勤の総務業務に適性がある」「会社の新規事業を行ううえで人材が足りないので異動する」など、積極的な理由を考えてください。

異動を行う際には、「賃金面の配慮」「遠隔地配転への配慮」「社内の配転事例との均衡」など、細やかな配慮が必要になります。

① 賃金に対する配慮

異動を行う際に、業務や職種ごとに賃金テーブルがあるとしても、いきなり賃金が下がるようであれば、経過期間を設けるなどして配慮してください。賃金と雇用の維持について、裁判所は厳しく判断します。

② 遠隔地の配転への配慮

遠隔地に配転する場合、対象者が労働組合幹部であれば配慮が必要です。遠隔地に配転したことで労働組合活動を困難にしたと言われないために、団体交渉の出席などについても配慮する必要があります。

③ 社内の配転事例との均衡

これまでの社内事例との均衡を図る必要があります。労働組合弱体化のために配転したのではないことを示すには、これまでの社内の配転事例を示し、業務上の必要性からの異動であると説明します。

懲戒処分を行う際の注意点

最後に、懲戒処分を行う際の注意点をお伝えします。

① いつ、誰が、どこで、何をしたのかを確定する

いつ、誰が、どこで、何をしたのかを調べます。就業規則違反行為を裏付ける客観的な物的証拠があれば、まずそれを集めます。たとえば配布した文書、発言の録音、写真などを手に入れるようにします。

一般的には、そうした物的な証拠がない場合がほとんどだと思います。
そのような場合は、就業規則違反行為を目撃した従業員などにヒアリングをして、記録を残します。特に事実の有無が争われるような場合は、仮に就業規則違反行為をメモに残していたとしても、「そのメモは後づけで作成されたものであり、信用性に乏しい」などと言われがちです。
そのため最寄りの公証役場に行き、ヒアリングメモなどに確定日付を押してもらいます。確定日付を押してもらえれば、少なくともその日付以後に作成されたものではないとの証明ができるので、一定程度証拠の価値を保全できます。

②　就業規則を確認する

当該行為がどの就業規則に違反するものかを確認します。就業規則は各社各様です。場合によっては、就業規則の懲戒規定や服務規律に当該行為を取り締まる規定がない場合もありますので、慎重に確認しなければなりません。
また、就業規則に当該行為を取り締まる規定があったとしても、規定は複数あったほうが、のちに就業規則該当性を否定される可能性を減らすことができます。

③　言い分を聞く機会を与える

判例上、懲戒処分を行うためには、被懲戒者の言い分を聞かなければならないとされています。言い分を聞く機会を与えない場合は、懲戒処分は無効となる可能性が高くなります。仮に、就業規則に定めがなくとも、言い分の機会は与えなければなりません（次ページ**書式20**参照）。
たとえば、「社員Ａが、○月○日午後３時から午後５時まで、工場を抜け出しパチンコをした。その点について当社は懲戒処分をしたい。このことが事実ではない、または何か言い分があれば文書で提出してほしい」という書面を社員に送りました。その後、この社員は合同労

書式20　通知書

通知書

○年○月○日

○○○○　殿

株式会社○○運送
代表取締役　○○○○

貴殿の下記行為は就業規則第○条第○号、第○号に違反し、当社は懲戒処分を行う可能性があります。○年○月○日までに貴殿の言い分を文書で提出してください。

※当該行為がどの就業規則に違反するのかを明確にするため、条項を明示します。また、この段階では処分を行うかどうかわからないので、「可能性」という表現にとどめ、記録を残すため言い分は文書での提出を求めます。場合によっては、言い分に反論します

貴殿は○年○月○日、○○店にて、○○の配送を忘れ、当社に報告・相談もせず翌日○月○日に配送をしようとしました。この時点で、貴殿は当社に○○の配送を忘れたことを報告するべきであったにもかかわらず、報告を行いませんでした。

※５Ｗ１Ｈについては、しつこいと感じるくらいに記載するべきです

貴殿は、○年○月○日、上記のとおり、配送を忘れたにもかかわらず、当社に対し、あたかも配送を行ったかのごとき事実に反する報告を行い、そのため顧客からのクレームが来るまで、貴殿の上記配送忘れに当社は気づきませんでした。その結果○○は、○年○月○日、納品を受けていないとクレームの連絡を当社にしました。

また、貴殿は○年○月○日、○○店に配達するべき納品商品を○○本店に誤配送しました（誤配送は今年で○回目です）。○年○月○日、○○本店より、クレームの連絡が当社に入りました。

以上

組に駆け込みましたが、言い分を聞き、文書も残っているので、組合側も諦めました。言い分を聞いていないと懲戒処分は全部無効になってしまうので、非常に大切です。

④　処分の均衡

形式的に就業規則違反にあてはまる場合にも、処分の均衡を欠く場合には権利の濫用であるとして、懲戒処分が無効とされる場合があります。

たとえば、ある会社の就業規則に「遅刻はしてはならない」との文言がありました。しかし、これまで遅刻者に対し懲戒処分を行ったことはありませんでした。

このような場合、問題社員が遅刻をしたからといってすぐに出勤停止などの厳しい処分を科すことは、「処分の均衡を欠く」とされる場合があります。

特に、労働組合が社内に結成され、急に労務管理を厳しく行おうとする場合、「処分の均衡を欠く」として労働組合から抗議を受けることもあります。そうは言っても遅刻者に何の処分を下さないのでは、社内秩序を保てません。

対応策としては、まず通知書を出し、「当該従業員の行為は就業規則第○条違反に該当するので、今後は遅刻しないこと。再度遅刻をした場合は懲戒処分を下すことがある」と警告します。

また、遅刻については、「今後厳しく懲戒処分を下す」という社内通達文書を掲示し、他の従業員にも告知します。

次ページ**書式21**に懲戒処分通知書の文例を掲げました。参考にしてください。

会社がこのような通知書や通達文書を出すことで、これまで見逃してきた遅刻について、今後一律厳しく取り扱うという新たな社内ルールが設けられたことになり、過去の行為と切り離して考えることができます。よって処分の均衡を欠くという批判にも反論できるようになります。

書式21　懲戒処分通知書

懲戒処分通知書

○年○月○日

○○○○　殿

株式会社○○運送
代表取締役　○○○○

貴殿を出勤停止１日（○年○月○日）とする。

貴殿の下記行為は就業規則第○条第○号、第○号に違反するものであり、当社は、就業規則第○条に基づいて、上記のとおり懲戒処分を行います。

貴殿は○年○月○日、○○店にて、○○の配送を忘れ、当社に報告・相談もせず翌日○月○日に配送をしようとしました。この時点で、貴殿は当社に○○の配送を忘れたことを報告するべきであったにもかかわらず、報告を行いませんでした。
貴殿は、○年○月○日、上記のとおり、配送を忘れたにもかかわらず、当社に対し、あたかも配送を行ったかのごとき事実に反する報告を行い、そのため顧客からのクレームが来るまで、貴殿の上記配送忘れに当社は気づきませんでした。その結果○○は、○年○月○日、納品を受けていないとクレームの連絡を当社にしました。
また、貴殿は○年○月○日、○○店に配達するべき納品商品を○○本店に誤配送しました（誤配送は今年で○回目です）。○年○月○日、○○本店より、クレームの連絡が当社に入りました。

以上

⑤　始末書の提出

「始末書を提出させた後に懲戒処分を行う」との就業規則の規定があった場合の注意点です。従業員が問題行動を起こし、素直に始末書を提出すれば問題ありませんが、従業員が始末書を提出しない場合もあるでしょう。

多くの裁判例は、憲法第19条の「思想良心の自由を保障する」との趣旨から、始末書を提出しなかったことのみを理由に懲戒処分を行うことはできないと述べています。

就業規則に始末書の提出が明記されている場合、まず、会社は、問題行動を起こした従業員に対し、始末書を提出するように文書で求めます。その際、提出期限も設けます。

提出期限までに始末書を提出しない場合、会社は問題行動について調査の結果明らかになった事実（会社が認定した事実）と、懲戒処分を行う用意があることを示し、従業員側の言い分を文書で提出するように求めます。始末書を提出しなかったことについては問題にしません。

ここで、会社が認定した事実については後々問題となることが多いので、関係者からヒアリングを行ったり、客観的な事実と照らし合わせたりして慎重に調査してください。

言い分を期限までに提出しない場合は、弁解の機会を与えたにもかかわらず放棄したとみなします。一方、言い分を期限までに提出した場合は、その言い分に対し会社は反論を行い、そのうえで、会社が認定した事実にもとづき懲戒処分を行うという流れになります。

かなり回りくどいやり方だと思われるかもしれませんが、社内に労働組合がある場合は、後々どのようなトラブルに発展するか、予測ができません。念には念を入れ、転ばぬ先の杖の精神で、会社としては定められた手続きを踏んで、後々争われるリスクを極力減らしていきます。

⑥　団体交渉

組合員である従業員に対し、懲戒処分を行う可能性があり、言い分を提出するよう文書で求めた場合、所属労働組合が団体交渉を申し入れる場合があります。懲戒処分はあくまでも個人対使用者の問題であり、労働時間や賃金といった集団的労働条件でもないので、団体交渉に応じなくてもよいと考える人も多いものです。

しかし、日本では、諸外国のように苦情処理機関の設置を義務づけているわけではないので、懲戒処分などの個人的労働条件についても、団体交渉が苦情処理機関と同様の機能を果たすことがあります。

使用者には、団体交渉を行う義務があります。団体交渉には応じるべきです。

従業員20名程度の運送業者のケースです。ある従業員Cが誤配送を度々するのですが、反省の色が見えません。会社がCに対して懲戒処分を行おうとしたところ、労働組合は「懲戒問題について団体交渉を開催したい。団体交渉を開催中にCを懲戒した場合や組合の同意を得ないで懲戒をした場合は、不当労働行為に当たる」と主張しています。これまで、誤配送を理由として懲戒処分を行ったことはありません。この場合、どのように対応したらよいでしょうか。

組合員に対し懲戒処分を行う際は、原則として事前に労働組合に通知をする必要はありません。

ただし、労働組合と「組合員に対し懲戒処分を行う際には事前に協議する」などの労働協約を結んでいる場合は、懲戒処分を行うことについて労働組合との協議が必要です。

懲戒処分を行うとした場合、労働組合が懲戒処分を行う前に団体交渉を開催するよう求めることがあります。その際は、懲戒処分を行う前に団体交渉に応じましょう。もっとも、懲戒処分は労働者の同意を得て行うものではありませんので、団体交渉の議題とはなりますが、いつまでも会社と労働組合の意見が平行線をたどるのであれば、団体交渉は継続しつつ、懲戒処分を行ってください。

3 文書に軽い気持ちで署名・押印しない

重要な意味を持つ労働協約

労使間の合意文書を「労働協約」といいます。労働協約とは、労働組合と使用者またはその団体との間の労働条件等に関する協定で、書面で作成され、両当事者が署名または記名押印したものすべてを指します。文書の表題が「覚書」や「了解事項」等の名称であっても、労働協約になり得ます。

労働組合が団体交渉終了後、議事録を作成し、双方署名押印を求める場合がありますが、署名すれば内容によっては労働協約となります。

労働協約はいったん締結するとかなりの効力を発揮し、簡単に解約することはできません。後々トラブルにならないよう、どのような書面であっても、署名押印は慎重に行ってください。

労働協約に違反したらどうなるか

たとえば「労働組合の同意がなければ、組合員の配転・解雇をすることができない」と覚書（労働協約）にあるにもかかわらず、解雇等を行った場合はどうなるのでしょうか。

裁判所は、「労働組合の同意がなければ、組合員の配転・解雇をすることができない」との条項が、「労働条件その他の労働者の待遇に関する基準」に当たると判断して、組合の同意を得ない解雇を無効であると判断するでしょう。

使用者が労働組合とこのような条項を結んでしまった場合、労働組合の同意がなければ組合員を解雇することが事実上できなくなり、大変な不都合を生じます。

労働協約の終了事由

「覚書」や「了解事項」あるいは「団体交渉議事録」といった文書であっても、双方が署名押印したら労働協約となります。このような文書があるため、使用者が労使関係上多大な負担を感じたり、円滑に業務を遂行できなかったりする場合には、労働協約を失効させなければなりません。

たとえば使用者が団体交渉で、「就業時間中でも、使用者は団体交渉を行わなければならない」という「覚書」にサインしたら、それに従わなければなりません。しかし、これでは会社の業務遂行に不都合が生じるので、労働協約を解約する必要が生じます。

労働協約は、有効期間の満了、解約、目的の達成、当事者の消滅（労働組合や会社がなくなる）、反対協約の成立などの事由によって終了し、効力を失います。要するに、労働組合の合意なく、労働協約の効力を失わせるためには、労働協約の有効期間が満了するのを待つか、使用者が労働協約を解約（期間の定めがない場合のみ）するしかありません。

労働協約の解約の進め方

期間の定めのない労働協約は、当事者の一方が、署名または記名押印し、少なくとも90日前に予告することで解約できるとされています（労働組合法第15条第３項前段・第４項）。

解約には格別理由を必要としませんが、恣意的な解約は、解約権の濫用もしくは不当労働行為とされて無効とされます。労働協約の解約は、裁判所や労働委員会などで、後々無効とされてしまうことがあるので、ポイントを押さえることが重要です。

①　後々無効にされない解約手続

労働協約の解約が後々無効であると言われないためには、使用者は、以下のとおり、解約手続を進める必要があります。

まず会社が、労働協約を変更したいと労働組合に申し入れ、団体交渉を開催します。そのうえで会社が労働協約を変更したい理由を説明し、労働協約の変更案を提示します。労働組合はその案に反対する場合もあると思いますが、少なくとも複数回は団体交渉を開催して、労働協約の変更を提案します。

そのうえで、労働組合と協議を尽くしても労働協約変更について合意に至らなかったということで、労働協約の解約をすることになります。

②　労働組合が解約通知を受け取ろうとしない

なかには労働協約解約を事前に察知し、解約通知を受け取ろうとしない組合もあります。意思表示は到達しないと効力を生じませんから、解約通知は受け取らなければ効力を生じません。内容証明郵便で送っても同じことです。受領拒否をすれば効力は生じません。

そのような場合、労働協約の解約通知を団体交渉の場で読み上げます。解約通知を受け取らなかったとしても、読み上げたことで解約の意思表示は到達したことになり、解約を通知したことになります。

③　労働協約の一部に会社に有利な条項があった場合

労働協約といっても、会社に有利な条項も不利な条項もあります。会社としては不利な条項だけ解約し、有利な条項だけ残したいと考えるでしょう。

しかし、これまでの多くの裁判例では労働協約の一部解約は認められていません。労働協約は一体的な契約であり、有利な条項のみを解約することはできないとされています。したがって、労働協約を解約するときは全部解約することになります。

ユニオンショップ協定を結ぶ義務はない

ユニオンショップ協定とは何か

「ユニオンショップ」とは、使用者に採用された後、労働組合に加入しない者、労働組合から脱退、もしくは除名された者の解雇を使用者に義務づけるものです。

いわゆる大企業の労働組合が企業と締結していることが多く、労働組合はユニオンショップ協定を結ぶことで、企業内の組織率を高めることができます。

ユニオンショップは、労働組合の組織率を高めることには効果的ですが、一方で従業員が労働組合に加入したくない場合でも、事実上従業員に労働組合に加入することを強制することになります。

また、従業員が労働組合を脱退、あるいは除名された場合は、解雇されることとなり、従業員に重大な不利益を及ぼします。このためユニオンショップ協定は有効か無効か、学者のなかでも説が分かれています。

では、使用者はユニオンショップ協定を結ぶ義務があるのでしょうか。

当然ながらその義務はありません。労働者の過半数で組織された「過半数労働組合」でも同様です。

労働組合からユニオンショップ協定締結を求められた際、それを拒否しても特に問題はありません。

ユニオンショップ協定を結ぶメリット

しかしながら、労働組合とユニオンショップ協定を結ぶことは、使用者にとってメリットもあります。労働組合の組織率が高まれば、三六協定の締結（237ページ参照）、人事制度の改定などは、すべて労働組合を通して協議し解決していくことができます。

以上の点をふまえて、使用者は労働組合とユニオンショップ協定を結ぶか否かを判断することになります。

ユニオンショップの協定例

ユニオンショップ協定のなかにもさまざまなものがありますので、4つの文例を紹介します。

【文例1】

> 会社は、労働組合より除名された者、労働組合に加入しない者、労働組合から脱退した者を1カ月以内に解雇しなければならない

※　これは労働組合に加入しない者、脱退した者、除名された者すべてを使用者が解雇しなければならないと定めたものです。

【文例2】

> 会社は、従業員であって労働組合より除名された者は解雇する

※　これは、労働組合に加入しない者、脱退した者については解雇義務を定めず、労働組合から除名された者のみを解雇義務の対象とするものです。

【文例3】

> 会社は、労働組合より除名された者、労働組合に加入しない者、労働組合から脱退した者を原則として解雇する。ただし、解雇について異議がある場合は、会社と労働組合は協議して決定する

※　これは、使用者が労働組合に加入しない者、脱退した者、除名された者を必ず解雇するとは定めず、原則として解雇すると定め、使用者に裁量を持たせた例です。

【文例４】

会社の従業員はすべて○○○○労働組合の組合員でなければならない

※　これは、従業員の労働組合加入義務を定めるものの、解雇義務をあえて規定しないものです。

ユニオンショップ協定に基づく解雇は、当然のことながら従業員の退職という重大な効果をもたらします。

日本では結論の妥当性を確保するため、使用者がユニオンショップ協定に基づく解雇を行わない余地を残す場合が多く見られます。使用者は、労働組合とユニオンショップ協定を結ぶとしても、会社と労働組合の関係、会社の社風、会社の規模を考慮して、上記文例のようにユニオンショップ協定の文言については慎重に検討する必要があります。

脱退後、別の労働組合に加入した場合の解雇

使用者が労働組合に対して、「労働組合を脱退した者をすべて解雇する」という内容のユニオンショップ協定を結んだとします。労働組合員が脱退後別の労働組合に加入した場合も、ユニオンショップ協定に基づく解雇は有効でしょうか。

三井倉庫港運事件判決（最高裁平成元年12月14日判決・労判552号６頁）は、会社と労働組合がユニオンショップ協定を結んでいたにもかかわらず、労働組合を脱退し、その直後別の労働組合に加入した従業員について、その後会社がユニオンショップ協定に基づいて解雇した事案について、以下のように述べています。

> ユニオンショップ協定のうち、締結組合以外の他の労働組合に加入している者及び締結組合から脱退し又は除名されたが、他の労働組合に加入し又は新たな労働組合を結成した者について使用者の解雇義務を定める部分は、右の観点からして、民法90条の規定により、これを無効と解すべきである（憲法28条参照）。そうすると、使用者が、ユニオンショップ協定に基づき、このような労働者に対してした解雇は、同協定に基づく解雇義務が生じていないのにされたものであるから、客観的に合理的な理由を欠き、社会通念上相当なものとして是認することはできず、他の解雇の合理性を裏付ける特段の事由がない限り、解雇権の濫用として無効であるといわざるを得ない

つまり、ユニオンショップ協定は、従業員が他の労働組合を選択する自由を制約するものであるから、従業員がユニオンショップ協定を結んでいる労働組合を脱退して、他の労働組合に加入した場合は、たとえユニオンショップ協定に定めがあっても解雇をすることは許されないと判断しました。

したがって、ユニオンショップ協定を結んでいても、従業員が労働組合を脱退して他の労働組合に加入した場合は、解雇をすることはできません。

おわりに――最後に笑うのは逃げない経営者――

最後まで読んでいただきありがとうございます。

団体交渉で劣勢に立たされる社長に共通していることがあります。

それは、自分が何かすれば終わると思っていることです。たとえば、「団交を拒否すれば終わる」「あいつを解雇すれば終わる」「金やポストを与えれば終わる」「懐柔すれば終わる」などです。

しかし、それが甘い考えだということは、本書をお読みいただけばわかると思います。

社長の軽率な行動は、事態を収拾するどころか悪化させます。

お金かポストを与えれば、もっとくれと言うでしょうし、団体交渉を拒否したら裁判を起こされたり、社長の自宅まで押しかけられたりします。軽率に解雇などしたら、本当に大変なことになります。

私は社長から「妙案」として、これらのことを相談されたとき、絶対にすべきではないと説得しています。何度も説得しますが、それでも言うことを聞いてくれない人とは契約しない、もしくは辞任すると決めています。

なぜなら、すでに闘いに敗れているからです。

同じような問題が起こっても、すぐに解決する会社と、そうでない会社があります。

その違いは、実はとてもシンプルです。

それは労働組合と向かい合ってきちんと闘い、頑張って終わらせる（終わらせようとする）人がいることです。労働組合との闘いに、逃げるが勝ちなどありません。責任の先送りをしていたら問題は一向に解決しません。

逃げたら負け、それだけです。

たとえ団体交渉が決裂に終わり、闘いの場が法廷に移ったとしても、誠意をもって逃げずに闘うことが唯一の解決法だといっても過言ではありません。

労働問題は、ある日突然表面化します。

いままで順風満帆に会社運営をしてきたのに、ここ近年、売上が落ちてきた、というときに労働組合が結成され、問題が勃発することが多いものです。

会社にとっては修羅場だと思いますが、逆に言うと、いい会社だからこそ、労働問題は起きるのです。

こんな修羅場が起こるのも、今まで頑張っていい会社に育ててきたからです。団体交渉は、次のステージに登るステップなのだと前向きに考えて、問題解決に向き合っていきましょう。

ぶつかって、お互い火花を散らしても、その問題から目を背けずに、頑張って立ち向かっていけば、必ず道は開けます。

3訂版

会社は合同労組・ユニオンと
こう闘え！

平成24年10月16日　初版発行
令和６年11月１日　３訂２刷

検印省略

〒101-0032
東京都千代田区岩本町１丁目２番19号
https://www.horei.co.jp/

著　者　向　井　蘭
発行者　青　木　鉱　太
編集者　岩　倉　春　光
印刷所　星野精版印刷
製本所　国　宝　社

（営　業）　TEL　03-6858-6967　Eメール　syuppan@horei.co.jp
（通　販）　TEL　03-6858-6966　Eメール　book.order@horei.co.jp
（編　集）　FAX　03-6858-6957　Eメール　tankoubon@horei.co.jp

（オンラインショップ）　https://www.horei.co.jp/iec/
（お詫びと訂正）　https://www.horei.co.jp/book/owabi.shtml
（書籍の追加情報）　https://www.horei.co.jp/book/osirasebook.shtml

※万一、本書の内容に誤記等が判明した場合には、上記「お詫びと訂正」に最新情報を掲載しております。ホームページに掲載されていない内容につきましては、FAXまたはEメールで編集までお問合せください。

・乱丁、落丁本は直接弊社出版部へお送りくださればお取替えいたします。

ISBN 978-4-539-73065-2